JN335776

新井白石の経済学

付注と考察

寺出道雄

日本経済評論社

はしがき

　経済学という一学問の，しかも，その辺境において，わずかばかりの仕事をなし得たに過ぎない私にとって，新井白石の，広くそして深い知の世界は畏敬の対象である。本書は，そうした畏敬の念を，客観性を失わないことを心しながら，表わしたものである。

　白石その人の名は，広く知られている。また，『読史余論』『西洋紀聞』『折たく柴の記』といった彼の主著は，今日まで読み継がれている。しかし，その経済学的著作が十分に知られているとは言えない。そのことは，私には，白石研究という面からも，近世経済思想史研究という面からも，一つの欠落であるように思われる。

　その欠落を，本書は，いささかでも埋めることを目指している。その目的が達せられているなら幸いである。

　本書は，私の病気療養中に書かれた。この間，慶應義塾大学経済学部から賜ったご配慮に，深く感謝する。そして，本書の初出稿を『三田学会雑誌』に掲載して下さるとともに，出版に当たって「退職記念出版助成」をおこなって下さった慶應義塾経済学会にも，深く感謝する。

　日本経済評論社から拙著を刊行していただくのは，三冊目になった。同社の栗原哲也社長と，編集に当たっていただいた谷口京延さんに，厚くお礼を申しあげたい。

　　2015年9月1日

寺 出 道 雄

目　　次

はしがき　i

はじめに　ix

　　本書の目的と構成　ix

　　原書：市島謙吉編輯・校訂『全集』版　x

　　第1部凡例　xi

　　第1部主要参考文献　xii

　　初出　xiii

第1部　付　注

第1章　「白石建議　四」付注 …………………………………… 3

　　はじめに　5

　　白石建議　四（「改貨議」上巻）　5

　　　序論（一）　5

　　　序論（二）　11

　　　序論（三）　17

　　　世の人申沙汰し候条々　17

　　　　第一条：灰吹銀の不足論　17

　　　　第二条：鉛の不足論　20

　　　　第三条：中銀への改鋳論　22

　　　　第四条：貨幣相場の安定困難論　25

　　　　第五条：新銀の買収論　27

第六条：両替商の処罰論　28

　　　第七条：大銭の鋳造論　31

　　　第八条：宝鈔の発行論　36

　結語　37

第2章 「白石建議　五」付注　39

　はじめに　41

　白石建議　五（「改貨議」下巻）　41

　　総論　41

　　　第一条：銀鈔の発行　46

　　　第二条：銅銭による銀鈔の回収　55

　　　第三条：鉱山の開発　62

　　　第四条：銀貨の選別と灰吹銀の製造　68

　　　第五条：上銀の製造　73

　　　第六条：上銀との兌換と銀鈔の更新　76

　　　第七条：金鈔の発行　82

　　　第八条：借金銀の扱い　89

　　　第九条：上金との兌換と金鈔の更新　89

　　　第十条：銀鈔の更新　90

　　結語　90

　白石建議　八（「改貨議」別記）　91

　　　上銀に改造候料の新銀事　91

　　　上銀造候時増加候料の灰吹銀事　92

　　　上銀造出し候大数事　92

　　　上銀を以て引替候べき銀鈔の数事　94

　　　　上銀を以て銀鈔に引替候法ノ事　94

　　　　上銀を以て四度に銀鈔に引替候仕第事　95

　　　　上金に改造候料の新金事　96

　　　　上金造候時増加候料の焼金事　96

　　　　上金造出し候大数事　97

　　　　上金を以て引替候べき金鈔の数事　98

　　　　上金を以て金鈔に引替候法の事　98

　　　　上金を以て三度に金鈔に引替候仕第事　99

　　結語　99

第3章　「白石建議　六」付注 …………………………… 101

　　はじめに　103

　　白石建議　六　103

　　　本朝金銀銅出し事　103

　　　　結語　106

　　　本朝金銀の制の事　106

　　　　結語　110

　　　本朝金銀銅外国へ入りし惣数の事　110

　　　　結語　117

第4章　「白石建議　七」付注 …………………………… 119

　　はじめに　121

　　白石建議　七（「改貨後議」）　121

　　　金銀銭通用の事　121

　　　金銀の法弊れ并物価高くなり候事　128

　　　　金銀の法むかしに復され候に就て浮説多き事　134

　　　　　結語　142

第2部　考　察

第5章　「白石建議」概観 …………………………………… 145

　　（1）はじめに　145

　　（2）「白石建議」の概観　146

　　（3）「白石建議」の経済学　149

　　（4）関連事項表　156

第6章　新井白石の「政治算術」 …………………………… 163

　　（1）はじめに　163

　　（2）海舶互市の料　164

　　（3）活法と死法　174

　　（4）おわりに　178

第7章　新井白石の「改貨プラン」 ………………………… 181

　　（1）はじめに　181

　　（2）改貨のプロセス　182

　　　　銀貨の場合　182

　　　　金貨の場合　186

　　（3）改貨プランの意味　188

　　　　1．叙述の構造　188

　　　　2．試行錯誤法　189

3．改貨のターゲット　192
（4）おわりに　195

はじめに

本書の目的と構成

　新井白石（1657（明暦3）～1725（享保10）年）の経済論である，「白石建議」の「四」から「八」までについては，従来，原文としては，本書も依拠した，注はもちろん句読点も読み仮名も無い，古写本の原文のままの印行である，明治40年刊の『新井白石全集』第六巻所収版が利用されていた。また，その研究も，戦後に限れば，ほとんどおこなわれてこなかった。このことは，戦後昭和期に，白石の多彩で豊饒な知的活動への新たな関心が高まったなかで，不思議なことではあった。

　本書の目的は，そうした，「白石建議」の「四」から「八」までを紹介し，それについて若干の考察をなすことである。「白石建議」は，日本で最初の本格的な経済学的著作であると評してよいと思われる。そう評し得ることの所以を，本書では解き明かそうとする。

　白石の経済政策論の中心にあった改貨政策の内容を一言で言えば，慶長の制度への回帰論である。したがって，そのことのみを取れば，彼の主張には何ら独創性が無いことが予想されてしまう。事実，従来の白石の経済論に対する評価は，そうした「予想」に沿ったものであった。これに対して，本書は，その「予想」が，「憶断」に他ならないことを示そうとするのである。

　第1章から第4章までの第1部「付注」では，上記の『全集』第六巻版，すなわち，後述する市島兼吉の編輯・校訂になる「建議」の「四」から「八」までの原文に，句読点，読み仮名等を加え，さらに，経済学的な事柄に重点をおいて注を付す。その注には，白石の叙述に若干の「コメント」を加えたものもある。

　白石による「建議」執筆から300年を越え，『全集』版刊行からも100余年が経過した。そうした現時点で，白石の経済論について議論する前提として，ま

ず，必要なことは，市島の仕事の基礎の上に，「忘れられた古典」となったもの，散文作品としても見事である「建議」の原典に，より読みやすい形を与えることであろう。第1部では，それをおこなうのである。

これに対して，第5章から第7章までの第2部「考察」では，第1部での注に分かりやすい論述性を与えることによって，白石の経済論の特質を明らかにする一助とするための論考を収録する。

第5章では，「白石建議」「四」〜「八」について概観的な考察をおこなう。そうした概観の上に，第6章では，「建議　六」のうちの1篇を素材として，金銀の海外への流出制限論に焦点を当てる。また，第7章では，「建議　八」を素材として，金・銀貨の改貨論に焦点を当てる。その2つの章の素材とする原典はいずれも掌篇であるが，当該の問題に関する白石の認識をコンパクトに要約している。したがって，それらを核として論じることは，彼の貨幣政策を端的に知ることを可能とするであろう。

白石の経済論の特質は，その内容の興味深さとともに，考察・叙述の方法論の新鮮さにある。そこで，第6章・第7章の2つの章では，彼の議論の内容とともに，その方法論を解明することに努める。

原書：市島兼吉編輯・校訂『全集』版

『新井白石全集』第六巻，編輯・校訂者　市島兼吉　発行者　吉川半七　明治40年4月刊行。

を原書とした。本書における白石の原文は，先にふれたように，読みやすさを増すために，市島兼吉による編輯・校訂に更なる編集を加えたものである。

市島の編輯・校訂本の原本である岩崎文庫本は，現在岩崎文庫（東洋文庫に併設）に所蔵されていない。また，内閣文庫所蔵の「白石建議」には，以下で読む「四」〜「八」は収録されていない。そうした状況下で，『全集』第六巻をベースとして用いるにあたって，市島兼吉に100余年の時を越えて謝意を表わしたい。

なお，『全集』には印影による復刻版（(1977) 国書刊行会）がある。

第 1 部凡例

1）句読点は，付注者が付した。
2）漢字は，新字体に直した。
3）読み仮名，逆に，文脈上，意味を取り難い仮名に付した漢字は，付注者によるものである。読み仮名の仮名遣いは，新仮名遣いを用いた。稀に，白石が，読みが難しい字を用いている場合，原書には読み仮名が付されている。その読み仮名は特に注記することなく利用した。
4）本文中の小字による注は，（・）に入れて記した。小字である「某（それがし）」は，本文のポイントとそろえた。カタカナによる送り仮名が小字であるのも，他のポイントにそろえた。
5）原書における明白な誤記・誤字は補正した。ただし，内容の理解にかかわる若干の補正には，注を付した。
6）「〳」「〵」による繰り返しは，「々」あるいは文字による繰り返しに変えた。
7）□は，原本の判読不能個所である原書の□に，付注者が文脈からして確かであると考えた字句を埋めた残りである。
8）闕字・平出・擡頭は捨象した。
9）「組み」は，横組みとし，読みやすさを考慮して変更を加えた上で，出来るだけ原書の「組み」に近づけた。
10）本文の「区切り」を見やすくするために，若干の段落分けをほどこした。「序文」「結語」等に当たる部分には，付注者がその旨を記入した。また，第 1 章「建議　四」の 8 ヵ条の「見出し」と第 2 章「建議　五」の 10 ヵ条の「見出し」は，付注者によるものである。付注者がより細かく「見出し」を入れることも考慮したが，そのことは，緊密に構成された「建議」の叙述の構造をかえって見え難くすると考え，以上の措置にとどめた。
11）注の中の『折たく柴の記』からの引用は，岩波文庫版（松村明校注）（新井白石（1999）），『西洋紀聞』からの引用は，東洋文庫版（宮崎道生校注

（新井白石（1968）），『政談』からの引用は，東洋文庫版（平石直昭校注）（荻生徂徠（2011））による。頁数もそれらの版のものである。

青木敦書，草間直方，本多利明についても，下記の文献表にある版を用いた。

第1部主要参考文献

新井白石（1907）「白石建議」（市島兼吉校訂）以下に所収。『新井白石全集』第六巻。

―――（1932）「本朝宝貨事略」（『三貨図彙』附録巻之七）。以下に所収。草間直方（1932）。

―――（1968）『西洋紀聞』（宮崎道生校注）東洋文庫・平凡社。

―――（1999）『折たく柴の記』（松村明校注）岩波文庫。

青木敦書（1932）「銭幣略記」（『三貨図彙』附録巻之六）。以下に所収。草間直方（1932）。

荻生徂徠（2011）『政談――服部本』（平石直昭校注）東洋文庫・平凡社。

草間直方（1932）『三貨図彙』（瀧本誠一校閲）白東社。

本多利明（1970）「交易論」（塚谷晃弘校注）以下に所収。塚谷晃弘・蔵並省自編『本多利明　海保青陵』『日本思想大系』44，岩波書店。

石下忠他編（2009）『日本思想史辞典』山川出版社。

岩橋勝（1988）「徳川時代の制度的枠組み」以下に所収。速水融・宮本又郎編『日本経済史　1　経済社会の成立』岩波書店。

勝田勝年（1973）『新井白石の学問と思想』雄山閣。

加藤周一（1975）「新井白石の世界」以下に所収。村松明・尾藤正英・加藤周一編『新井白石』『日本思想大系』35，岩波書店。

金融研究局編（1981）『貨幣年表』日本銀行。

栗田元次（1952）『新井白石の文治政治』岩崎書店。

国史大辞典編集委員会編（1979-1997）『国史大辞典』吉川弘文館。

斯波義信（2012）『中国社会経済史用語解』（財）東洋文庫。

杉山伸也（2012）『日本経済史』岩波書店。
高橋誠一郎（1993）『重商主義経済学説研究』創文社。
瀧本誠一（1923）『日本貨幣史』国史講習会。
野村兼太郎（1948）「新井白石」以下に所収。『近世日本の経世家』泉文堂。
丸山真男（1983）『日本政治思想史研究』東京大学出版会。
三田葆光（1907）「白石先生年譜」以下に所収。『新井白石全集』第六巻。
村井淳志（2007）『勘定奉行　荻原重秀の生涯』集英社新書。
村岡典嗣（1940）「新井白石の一書簡とその解説」以下に所収。『増補　日本思想史研究』岩波書店。

初出

第1章　『三田学会雑誌』107巻1号，2014年。
第2章　『三田学会雑誌』107巻1号，2014年。
第3章　本書が初出。
第4章　『三田学会雑誌』107巻1号，2014年。
第5章　『三田学会雑誌』108巻1号，2015年。
第6章　『三田学会雑誌』106巻3号，2013年。
第7章　『三田学会雑誌』107巻3号，2014年。

　初出の際の題名は，ほぼ章名と同一なので省略する。いずれも，補正・追加を加えた。

第 1 部
付　注

第1章 「白石建議 四」付注

はじめに

　本章では、「白石建議　四（上巻）」、すなわち「改貨議」の前半部分への付注をおこなう。「改貨議」（1713（正徳3）年）は、新井白石の経済論の代表的な著作であると同時に、量的にももっとも長い。「改貨議」によって彼の経済論の中枢部分を知ることが出来るように思われる。

　白石は、『折たく柴の記』で、「改貨議」について、次のように述べている。「我議には、まづこれらの説――貨幣制度の改革をめぐる諸説（引用者）――あらぬ事共なるいはれをことごとくに弁じ明らめて、次に、我行ふべしと思ふ所を議し、次には其法をしるして、すべて三冊の書にはなしたる也。」（『折たく柴の記』pp. 344-345.）

　すなわち、白石は、「改貨議」において、まず、改貨に関する他説を批判（「建議　四」）し、次に、彼自身の政策（「建議　五」）を述べ、さらに、その具体的な方策（「建議　八」）を提示した、としているのである。

　「建議」の「四」「五」「八」の位置は、以上から明らかであろう。

白石建議　四（「改貨議」上巻）[*]

序論（一）

　近世以来[1]、天下の財用通じ行はれ難く[2]、万物の価[3]年々に高くなり来り、公私の難儀[4]に及び候事、世の人論じ申す所皆々、金銀の品下り候[5]故により候由、申沙汰し候。近世に及び、金銀の法、頻に変じ候事[6]におゐては、古今の間いまだ承及び候はぬ大変に候へば、世の人申沙汰候所、異論有べからざる事には候。（天地の間に金銀銅を生じ出し候より此かた、その生じ出候所の地方によりて、三つの物の中、各其品の美悪候事は、其自然の性にて候。古の聖人[7]、此三つの物をとり用ひられ候て、金をいては上幣とし、銀

(＊) 白石は，次のように述べる。
「これは天下後世の大患を救はるべき事なれば，「前代の御ためにも，当代の御為にも，吾いかにもして此事をば申行ひてむ」と，心一つにおもひきはめて，此年六月，改貨議三冊をしるして，詮房朝臣にまゐらせて，我思ふ所をも聞えたりけり。」(『折たく柴の記』p. 339.)

「前代」とは，6代将軍家宣。「当代」とは，7代将軍家継。「此年六月」とは，1713（正徳3）年6月。「詮房朝臣」とは，側用人の間部詮房（まなべあきふさ）。

「改貨議三冊」とあるが，全集本では「上」「下」2冊と「別記」。

(1) 近年来。ただし，「元禄以来」のことを指すから，今日の「近年」よりはやや広い。
(2) 貨幣の流通が円滑でなく。
(3) 物価。
(4) 幕府および民間の困難。
(5) 元禄期以降に金・銀貨の品位が低下したこと。
以下の，表1-1・表1-2を参照。

表1-1　金貨（小判）の品位・重量の変遷

	金（％）	銀（％）	重量（匁）
慶長金（1601）	85.7	14.3	4.76
元禄金（1695）	56.4	43.2	4.76
乾字金（1710）	83.4	16.6	2.50
正徳金（1714）	85.7	14.3	4.76

＊「乾字金」は「宝永金」のこと。乾字金の含有金量を，単純に重量4.76匁の金貨のそれとすると，その金品位は44.3％になる。したがって，その値は元禄金より低い。
＊＊各金の品位は出所文献の数値を四捨五入して，小数点第1位までを示してある。重量に関しては，各文献で一致した数値が挙げられているが，品位に関しては，異なった数値を挙げる文献（国史大辞典編集委員会編（1979-1997）等）も多い。
すなわち，金含有率で以下の数値である。
慶長金　　　　　　86.8
元禄金　　　　　　57.4
乾字金　　　　　　84.3
正徳金（武蔵判）　84.3
同（享保小判）　　86.8
＊＊＊名称横の（・）内は，発行開始年。
出所：品位は，瀧本（1923）の次の頁。p. 113, pp. 129-130, pp. 146-147. 重量は，「白石建議」。

表1-2　銀貨の品位の変遷

	銀（％）	雑分（％）
慶長銀（1601）	80	20
元禄銀（1695）	64	36
宝永銀（1706）	50	50
二宝字銀（1710）	40	60
三宝字銀（1710）	32	68
四宝字銀（1711）	20	80
正徳銀（1714）	80	20

＊「二宝字銀」は，「中銀」とも呼ぶ。
＊＊三宝字銀の発行は，1711（正徳元）年まで。同年，四宝字銀発行。四宝字銀は，1712（正徳2）年まで発行された。それらは，正徳期の発行でも，荻原重秀の政策による。
＊＊＊名称横の（・）内は，発行開始年。
出所：「白石建議」。同一の数値は，瀧本（1923）の次の頁。p. 113, p. 127, pp. 146-147.

以上の2つの表から，正徳期の初期には，金貨・銀貨・銅銭の「三貨」からなる貨幣制度そのものが，混乱を極めていたことが見て取れるであろう。

をいて中幣とし，銅をいては下幣とせられ候て，其品を三つに相わかたれ候より此かた，当時⁽⁸⁾のごとくに，金には銀を雑へ候て，其品の上下をわかち，銀には銅を雑へ候て，其多少によりて，其品を種々にわかたれ候て，宝貨となされ候事は，本朝，異朝⁽⁹⁾つゐに其例を承及ばず候。某先年仰を奉り候て，大西洋邏馬国の人⁽¹⁰⁾にあひ候時，万国の中にて通じ行はれ候金銀の事をも承り，其持来り候物共を見候にも，皆々むまれながらの物にて，其出候地方によりて，其品は同じからず候へども，銀銅などを以て金銀に雑造り候て，宝とし候事はなく候由相聞候。しからば，当時のごとくに天地より生じ出され候人間の大宝を，人のなしゝわざによりて，其品を乱り候事は，天下人民の怨み憤り候のみにあらず，天地神明のにくみきひきらひ給べきふべき事に候へば⁽¹¹⁾，不ㇾ可ㇾ然⁽¹²⁾御事に候。まづ此事の理をよくよく聞召⁽¹³⁾(きこしめし)明らめらるべき事，此事を論じ候第一義と申すべく候。其事の子細をつまびらかに論じ候はんには，事長く候へば，たゞ其大略を注し候。）

　もし某が愚存を以て其理を細かに論じ候はんには，世の人申沙汰し候所は，たゞ其一つを知りて，其二つを知らずとも申すべく候歟(か)。其故は，当時天下の

（６）　金銀の品位の低下が頻繁であったこと。やはり，表１-１・表１-２を参照。
（７）　儒教における古聖人。堯・舜・禹・湯・文・武・周公。
（８）　現在。
（９）　中国。
（10）　日本に密入国したカトリックの宣教師シドッチ（Juan B. Sidotti）。1708（宝永５）年に日本に密入国し，1714（正徳５）年に江戸で獄死。『西洋紀聞』は，彼に対する尋問にもとづく。
　　　　白石は，シドッチの証言から，国際的に見て日本の貨幣の品位が低いことを知る。彼は，そのことから，シドッチの眼に日本が，「国財以の外に窮したり，国民さだめてくるしみなむ。」（『西洋紀聞』p. 19.）と映った，と考えた。逆に，高品位の金・銀貨の発行は，「鎖国」のなかでの日本の国威の発揚につながることになる。
（11）　天地が人事に応報すると言うこと。しかし，白石は，経済法則そのものを天地の人間に対する反作用をもって説明することはない。
（12）　然る可からざる。
（13）　「建議」が上申文であることからする表現。

財用通じ行はれ難く候て，万物の価高くなり来り候事，天下の商買其言を金銀の品下り候に仮り候て，其利を競争ひ候により候へども，真実は，世に通じ行はれ候金銀の数，そのむかしよりは倍々し候て，多くなり来り候故にて候[14]。
　然れども，凡そ天地の間に生じ出候ほどの物，其品貴きものは必らず其数少く，其数少く候故に其価も高く，其品賤きものは必らず其数多く，其数多く候故に其価もやすく候事，相定りたる事に候へば[15]，当時の金銀，其品下り其価軽くなり候故に，これを以て換候所の万物の価は重くなり候と申候はんも，又，当時の金銀，其数多く其価軽くなり候故に，これを以て換候所の万物の価も重くなり候と申候はんも，その申す所はかはり候へども，其理におゐては，かはるべからずとも申すべく候へども[16]，異朝歴代の間，論じ候事共を併せ考候に，古の善く国を治め候人は，物の貴賎と貨の軽重[17]を観候事候て，其政を施し行はれ候き。凡そ物の価重く候事は，貨の価軽きにより候て，貨の価軽くなり候事は其数多きが故に候へば，法を以て其貨を収めて其数を減じ，又，物の価軽く候事は，貨の価重きにより候て，貨の価重くなり候事は其数少きが故に候へば，法を以て其貨を出して其数を増し，貨と物とに軽重なきごとくに其価を平かにし候時は，天下の財用ゆたかに通じ行はれ候由相見え候[18]。（古

---

(14) ここでは，物価の上昇の原因として，貨幣の品位の低下を挙げる見方と，その数量の増大を挙げる見方とが，取り上げられている。

(15) ここでは，
　　　貴いもの＝数が少ない→価格が高い，
　　　賤しいもの＝数が多い→価格が低い，
という，需要供給論の原初的表現とも解釈できる価格論が述べられている。すなわち，細部まで詰められた議論にはなっていないものの，「貴い」「賤しい」という需要者側の評価は，「数が少ない」「数が多い」という供給者側の行動と相まって，価格の高低に表現されていく，とするのである。白石は，そうした価格論を「相定りたる事」と述べ，事態の法則性を強調している。
　　ここでの「貴いもの」「賤しいもの」について，荻生徂徠は，『政談』で「惣て天地の間に万物を生ずる事，各其限あり。……一切の物みな各其限ある事也。其内によき物は少く，悪きものは多し。」（『政談』pp. 102-103.）と述べている。

の善く国を治めし人といふよりこゝに至て，皆々古人のことば也。）もし此説に拠り候はゞ，当時万物の価の重くなり候事，金銀の数多く候て，其価軽くなり候故により候事，疑ふべからざる事にて候(19)。（此一段は自今以後，元禄以

---

(16) 注 (15) の価格論において，
　　　貴いもの→価格が高い＝貨幣高・物価安，
　　　賤しいもの→価格が低い＝貨幣安・物価高，
　という因果関係に焦点を当てれば，貨幣の品位が問題となり，
　　　数が少ない→価格が高い＝貨幣高・物価安，
　　　数が多い→価格が低い＝貨幣安・物価高，
　という因果関係に焦点を当てれば，貨幣の数量が問題となる。
　　白石による物価上昇の捉え方は，基本的に貨幣数量説的だが，それは貨幣の品位を問題とする捉え方と「あれかこれか」の関係にあったのではない，と思われる。すなわち，敷衍すれば，前2式においては，貨幣の，富の具現（富の蓄蔵手段）としての側面が問題とされているのに対して，後2式においては，貨幣の，財の流通手段（財の交換手段）としての側面が問題とされているのであると思われる。
　　「改貨後議」では，金銀の品位の不均等な変動が物価上昇の要因として強調されている。そうした要因は，以上の品位説的側面を契機として，流通手段としての貨幣の数量の変化によって，物価の上昇が発現していくプロセスを問題としているのである，と捉えることも出来る。
　　なお，貨幣用に向けられる金銀の量に強い制約がある場合，貨幣数量の増大は，金・銀貨の品位の低下に結びつき，貨幣数量の減少は，その品位の上昇に結びつき得る。
(17) 物価と貨幣価値。
(18) ここでは，
　　　物価高＝貨幣安＝貨幣数量の過多→貨幣数量の縮小政策→貨幣価値と物価の
　　　　安定，
　　　物価安＝貨幣高＝貨幣数量の過少→貨幣数量の増大政策→貨幣価値と物価の
　　　　安定，
　という，貨幣数量説的な貨幣政策論・物価政策論が整然と述べられている。すなわち，貨幣の発行主体が民間で流通する貨幣の数量を調整することによって，貨幣価値と物価を調整すべきであるという議論である。
　　以上は，中国書にある議論であるとされる。

来公私上下の害を除かれ候事の要旨に候へば，よくよく御心得わきまへらるべき御事に候。）

　凡(およそ)天下の物には其数(20)なき物もなく，天下の事には其法なき事はあらず候。然れども，其小数(21)をのみ測識候て，其大数(22)ある事を知らず候へば，必らずその数(23)の差出来り，其死法(24)をのみ執守候て，其活法(25)ある事を知らず候へば，必らず其法の弊出来る事，よのつねの事にて候。（小数，大数，死法，活法と申す事をよくよく聞召(きこしめし)わかたるべき御事に候。近世以来，金銀の法をあやまり候は，此義の明らかならざる故にて候。小数とは，見数(26)にて，算盤の上にあらはれ候て，かぞへしるべき数に候て，大数とは，いまだ算盤の上には見え来らず候へども，天地の間にその大算数(27)のある事にて候。此故に，小数におゐては，算術に精しきものはかぞへつくすべく候へども，大数に至ては，理に明らかなる人(28)にあらずしては，わきまへ知る事も難く，又，其説を承候人も，よく信じ用ゆる事も難かるべき事に候。たとへば暦数の学(29)の事，近世に及び其学精しくなり候は，毫釐(ごうり)(30)もたがへ候はぬほどになり候へども，必らず久しからずして其たがひ出来る事にて候。その故は，算術には限りある事にて，天地の大数におゐては，算術を以てはかりしられぬ所候故の由，申伝

---

(19)　ここでは，貨幣数量説的な物価論が強く主張されている。
(20)　道理を意味する「すう」。「数」には「道理」，すなわち「理」の意味がある。
(21)　現象を表現する「かず」。
(22)　本質を表現する「かず」。あるいは，本質を表現した法則性そのもの。
(23)　ここでは，単に「かず」。
(24)　有効でない法・政策。
(25)　有効な法・政策。
(26)　表面的に見得る「かず」。
(27)　単なる算術では捉えきれない法則性。
(28)　論理的（理論的）能力に優れた人。
(29)　天文学。ここでは，渋川春海の作った貞享暦（1685（貞享2）年に採用され，70年間用いられた）が問題とされている。
(30)　ほんの僅か。

候。算術にてしられ候べきは小数にて候。算術にてはかりしられぬは，すなはち大数にて候(31)。又，死法と申す事は，死したるものゝごとくに，そのはたらきなき法にて候。活法と申す事は，いきたるものゝごとくに，その機に応じ候て，はたらきある法を申候。たとへば，前の本文に見え候ごとくに，貨の数多くして其価軽くなり，物の価重くなり候へば其貨を減じ，貨の数すくなくして其価重くなり，物の価軽くなり候へば其貨の数を増し候ごとくなるは，すなわち活法と申すものに候。これらの子細，つまびらかに論じ候には，事長く候へば，たゞその大略をこゝに注し候。)

序論（二）

　元禄以来，金銀の法を変じ候事を申行ひ候事，当時上の御財用(32)，其入り候所を以て其出候所をはかり候(33)に，其入り候所，其出候所の半には及ばず候故に(34)，(一年の間入来り候御物成(35)を以て，一年の御払に出し候所に引くらべ候に，御物成の数は，御物入(36)の半にも及ばず候ひし歟。)慶長以来の金銀の法を改め，金をば銀を雑造り，銀をば銅を増加候て，天下通行の金銀の数を増され候由を申沙汰し候得ども，真実は，慶長以来造出され候ほどの金銀の数，其半を奪ふべきための術にて候き(37)。(此時天下より出来り候所の古金(38)，八百八十二万四千三百五十両を，新金千三百二十三万六千五百三十四両となされ候て，その増す所，四百四十一万二千百八十四両(39)。〇古銀出来り候数，二十八万七千六百十七貫百五十五匁を，新銀三十五万七千七百三十五

---

(31) 単なる算盤の操作（数量）によって得られるものは小数であり，大数を捉えなければならない。
　　その場合，白石は，自らが様々の数値を挙げて議論を進めているように，大数を捉える上で，算盤の操作（数量）が有効であることを否定するのではない。
(32) 幕府の財政。
(33) 歳入と歳出とを比べる。
(34) 歳入は歳出の半分にも及ばない。
(35) 年貢。幕府の財政は，米方と金方・銀方の収支から成り立っていた。
(36) 歳出。

貫三百八十匁となされ候て，其増す所，六万九千九百十八貫二百二十五匁。〇算数を以て測り候へば，天下通行の金銀の数をば，もとのごとくに引かへられ候て，上へ収められ候所の金銀の数は相増し候へば，公私共に財用ゆたかに事たるべき事と相見え候[40]は，すなはち某申す所の小数にてはかりたるものに候。その小数をたのみ候て，此法を申行ひ候は，すなはち某申す所の死法と申すものにて候[41]。)

しかれども，其時天下より出来り候慶長以来の金銀，其金の数わづかに八百八十二万四千三百五十六両，其銀の数わづかに二十八万七千六百十七貫百五十五匁には過候はず。元禄以来僅に十八年の間に造出候所の金銀の数を以て推測候に，慶長六年以来元禄八年に至て，凡そ九十五年[42]の間に，年々に造出し候所の金銀の数，いかでかこればかりには候べきや。皆是天下の人各其宝を失ふべき事を惜み候て，当時に通用すべきほどの数をはかり候て，出し替候ひし

---

(37) 白石は，元禄～正徳期の改鋳を純粋な貨幣政策であったのではなく，財政赤字の解消のために出目をねらった政策であったと批判する。ここで，「奪ふ」という表現は極めて強いものであると言える。

　　彼は，5代将軍綱吉のもとで勘定奉行（1696（元禄9）年，勘定吟味役から就任）となり，貨幣政策を主導した荻原重秀と対立し，1712（正徳2）年，彼を失脚させた。白石は，『折たく柴の記』で，荻原が私利を図ったことを糾弾している。荻原は，1713（正徳3）年に絶食して死した。

(38) 元禄金と交換された慶長金。

(39) 金についての計算は，
　　　13,236,534 − 8,824,350 = 4,412,184。
　　次の，元禄銀と交換された慶長銀についての計算は，
　　　357,535.380 − 287,617.155 = 69,918.225。

(40) 民間で流通する金・銀貨量を同一に保ったままで，幕府に収入をもたらすのであるから，幕府も民間も富むように見える。

(41) 貨幣数量の増加について楽観視することは，表面的な小数に捉われた見方であり，そうした小数にもとづいて改鋳をおこなうことは死法である。

(42) 慶長6（1601）年は，慶長金発行開始の年。元禄8（1695）年は，元禄の改鋳の年。この間，94年。

かば,蔵め貯候て,出来り候はぬ所の数は,出し替候所の数よりは万々倍し候べし[43]。然らば,当世に通行し候所の金銀,其数を増し候ごとくには候へども,却て其数を減じ候ごとくにはなり候と申候はんも,其謂なきにはあらず候。(元禄以来造出し候新金の惣数,前後二度に通じて二千二百八十一万八千二百二十七両一分。新銀の惣数,前後五度に通じて百四十三万八千三百九十三貫目[44]。これらわづかに十八年の間に造出し候所の数にて候。ましてや,九十五年の間,年々に造出し候所の数をしはかり知るべき事に候。たとひ其金銀外国に流れ入,火災のために焼け失せ候とも,今も天下の人の蔵めたくはへ置候所の数は,元禄以来に出来り候よりも,猶其数多くあるべく候。今に至ても古金銀など申て出来り候事,これ其一つの證と申すべく候[45]。然らば,最初此事を申行ひ候時,天下の金銀其数を増し候はんと謀り候ひしは,たゞ小数をのみはかりたるにて候。天下の人蔵め貯置候て,出し替候まじき事をはかりしらざるは,天地の間大数ある事をしらずとも申すべく候歟[46]。○又,天下の人をのをの其宝を惜しみ候て,出し替候はぬ所の金銀,世に通じ行はれず候へば,天下に通じ行はるべき金銀の数,減じ候とも申すべき事に候。しかれども,当時世に通行し候所の金銀の数を以て見候には,元禄以前よりは金六百五十七万五千八百四十三両二分,銀五十万六千百八十五貫八百五十匁を増し候き。これ又,其小数を増す事を得候へども,真実は,其大数におゐては増す事もなく,減じ候事も

---

(43) 悪貨が流通し,良貨は蓄蔵される。いわゆるグレシャムの法則的な事態。白石は,それを新金・銀との交換に出された旧金・銀の量が,それらの発行量に比べて少ないことから導いている。

なお,「万々倍」は,単に「多い」ということ。

(44) 元禄金,宝永金。元禄銀,宝永銀,二宝字銀,三宝字銀,四宝字銀。表1-1・表1-2を参照。

(45) 白石は,新旧の金・銀貨の交代時における旧貨の蓄蔵貨幣化を大きな規模のものであると見積もっている。

(46) 人々が旧金・銀貨を蓄蔵してしまうことに考えが及ばなかったのは,グレシャムの法則的な大数を知らない,小数に捉われた考えであった。

ここでは,経済的な法則が,「大数」として捉えられている。

なく候とは申すべく候(47)。今に至り候ては，元禄以来，天下の人をのをの其宝を蔵め貯置候ひし事は，天下の御ために尤(もっとも)以て幸甚の御事とは申すべく候(48)。すべて此等の所，よくよくその理をきはめつくさるべき御事には候。）

　これより後，天下の人，新金，新銀を見候所，銀は猶金よりも其品まさり候と心得候ひしかば，金銀の価はじめて平かならず(49)。（元禄九年(50)，新金，新銀を造出され候時の御定も，慶長の御定(51)のごとくに，金一両を以て銀六十匁に替べしと候ひしかども，其時の新金，半は銀を雑入られて候て，新銀は猶，六十匁の内灰吹(52)三十八匁四分(53)を雑入られ候へば，銀の品はまさり候と，世の人相心得候て，金と銀との相場始てくるひ出候て，元禄十二年(54)

---

(47) 貨幣がより多く存在しても，貨幣数量の増大による貨幣価値の低下・物価の上昇を考慮すれば，事態は変わらない。

　一方，貨幣の品位について言えば，元禄期以降の幕府の金銀の保有状況は，注(16)で言及したように，高品位の貨幣を造るためには，その数量を減少させ，数量を増大させるためには，低品位の貨幣を造らなければならない，と言うものであった。貨幣の数量と品位とが逆方向で連動せざるを得なかったのである。

　新金・銀貨の最大発行可能量は，金貨で表示して，

　　（旧金貨としての流通金量＋幕府の保有金量＋産金量－輸出金量）／

　　金１両の含有金量，

という関係にある。元禄期以降は，金１両の含有金量を減らして，分数全体の価を大きくしたことになる。正徳期以降には，逆のプロセスが進んだことになる。

(48) 改貨された金・銀貨と同品位・重量の慶長金，同品位の慶長銀は，煩瑣な手続きなしに流通し得る。

(49) 表１-１・表１-２を参照。

　白石は，金・銀貨の改鋳の基準が揃わず，金・銀貨の比価が変動することの物価への影響を重視する。その点は，「建議　七」の重要な論点となる。

(50) 1696年。

(51) 慶長期（1609（慶長14）年）に決定された公定レートは，金１両＝銀50匁であった。金１両＝銀60匁の相場は，17世紀後半に至って成立した。

(52) 灰吹き銀のこと。銀鉱石に鉛を合わせ，それを灰吹き床にかけ，酸化した鉛を灰に吸収させて銀を得る製銀法（灰吹き法）によって得られた銀。当時製造出来た最高の純度の銀。灰吹き法は，日本では，16世紀以降におこなわれた。

の比には、凡そ金一両を以て銀四十七匁に替候ほどの事に至り候き。これすなはち金銀の相場くるひ出候事の始に候て、諸物の価も高くなり来り候始にて候[55]。）下にしては人民の怨み候て、物価もようやくに増し、上にしては天地の心も怒り候て、災変もしきりに降り候ひしかば[56]、初収め奪はれ候所の金銀悉皆傾け竭され候き。（はたしてこれ、天地の間に大数と申すものゝいはれ分明に候歟[57]。）

　然れども、其過を悔ひ改るに及ばず、しきりに銀法を改め候事五度迄に至り候て、今の新銀出し候に及び[58]、万物の値一物として増加候はぬものもなく、天下の人其苦みに堪ず候のみにあらず、国家の御財用もすでにつまづく事には至り候ひぬ[59]。最初、元禄年中始て銀法を改造られ候時に出来り候古銀の数と、元禄以来の新銀共、当時天下に通行し候所の数とを引くらべ候に、新銀の数は、凡そ五十万六千百八十五貫八百五十匁を増し候へども、其新銀共のはたらき候所を見候に、古銀の数少く候ひしには大きに及ばず候は[60]、これ又、其小数は増し候へども、其大数は減じ候とも申すべく候歟[61]。（度々に新銀を造られ候時に、いまだ出来らざる所の新銀共の数の事、元禄銀は十八万六千四百十七貫目余、宝永銀は五万二千五百五貫目余、中銀は千九百五十七貫目余、三宝字

---

(53)　銀の含有率は、
　　　　38.4÷60＝0.64。
　　すなわち、64％。
(54)　1699年。
(55)　改鋳の基準が揃わず、「金安銀高」になったことが物価の上昇をもたらした。
(56)　元禄地震（1703（元禄16）年）、宝永地震（1707（宝永4）年）、宝永期の富士山噴火（1707（宝永4）年）等。
(57)　白石は、天地が人間の行為に応報することにも法則性を見出そうとしている。
(58)　表1-1・表1-2を参照。
(59)　民間人が困難に陥っているだけでなく、国家の財政も破綻している。
(60)　貨幣の数量を増せば、物価が上昇し、個々の貨幣の購買力が減少する。
(61)　増鋳は、前注のような法則性を知らずに、ただ貨幣量の増大のみを目指したものであった。

銀は十五万八千二百十七貫目余にて候。今の新銀三十九万四千七百七貫目を合せて、凡(およそ)七十九万三千八百三貫目は、今も世に現在して通行すべき所にて候(62)。此惣数を以て、古銀出来り候所の数、二十八万七千六百十七貫百五十匁に引くらべ候に、新銀共の数は、凡五十万六千百八十五貫八百五十匁、古銀よりは多く候歟(か)(63)。〇其数多き新銀のはたらき、其数少き古銀通行の時にかけあはざる(64)を以ても、大数と申すものゝ候事をばわきまへ知るべき事に候。もし、此所の義をよく心得わかたず候はゞ、たとひ今より後、新金新銀の数百億万を増し出され候とも、いよいよ万物の価は高くなり候て、天下公私の難儀は、当時よりは猶甚しかるべき事に候(65)。）しかるを況(いわん)や、金銀の数をだに増し候はゞ、天下の財用ゆたかなるべき事と、たゞ一筋にのみ心得候ての過を、五たび迄かさね候しは、其死法をのみ守り候て、活法ある事を知らざる事とは申すべく候(66)。

幸に、去年の秋、此等の事ども前御代(67)の御聴に達し、すみやかに新銀造出し候事を停められ、其害を除かるべき由の御沙汰候ひしに、すでに御他界の期に臨み候ひしかば、つゐに御遺令のごとくにはなり候こと、これ又、天下の不幸たるべく候。其後天下の人、仰をかれ候御旨を承り候ものども、悉皆哀感悲泣仕らぬものもなく候ひしかども、獣を猟り候時には、其傷の小しく候てたふれまじき事を憂候て、すでに獣を獲候に及びては、其傷の大きくしてくらふ所のすくなく候はん事を憂候は、よのつねの習ひに候へば、十八年が間、金銀

---

(62) 各種銀貨については、表1-2を参照。「今の新銀」は四宝字銀。
(63) 計算は、
　　　793,803－287,617.15＝506,185.85。
　　元禄銀以降5種類の銀貨は、計793,803貫目。
(64) つりあわない。
(65) たとえ大量の増鋳をおこなっても、物価の騰貴によって公私の困難が増すだけである
(66) ここでは、大数→活法、小数→死法、といった組み合わせの存在が改めて指摘されている。
(67) 6代将軍家宣。

の品下り候事を怨み候ひしものども、いつしか又、金銀の品もとのごとくになり候はんには、其数を減じ候べき事を惜み候て、其心一つに定まらず。しかるべき人々も⁽⁶⁸⁾、又、それが説に心まどひせられ候て、其議も又、一つに決せず。今に至り候まで、いまだ前御代の御徳意をうけ候て、御余沢を世に蒙りしむべき策⁽⁶⁹⁾を建申され候人も出来らず候歟。

序論（三）

某不肖には候へども、その御旨を承り置候所も候へば、その御旨の世に行はれざるべき事を以て、深き恨とは存じ候ひぬ。これによりて元禄以来の事共をもしれる人に尋問ひ、当時の人の申し沙汰候御事共をもしれる人に尋問ひ候て、まづ世の人の申沙汰し候事共をしるし候て、某が愚存の所を其下に注し、次に某が存寄候事共をしるし候て、次に又、別記を作り候て進呈し候⁽⁷⁰⁾。某が愚存の所、世に行はれるべき事に候歟、又、行はるべからざる事に候歟。たとひ又、世に行なはるべき事に候とも、某年すでに老に至り候て⁽⁷¹⁾、身又病多き事に候へば、此事の功成り候て、天下の人前御代の御余沢に沾ひ候はん事を、まのあたりに見奉り候べき事にもあらず候へども、たゞ某が愚存を申あらはし候て、前御代の御徳意に答奉る所も候はんは、ほどなく死し候はん後に至ても、のこる恨もあるまじき事と存じ候のみに候。

世の人申沙汰し候条々⁽⁷²⁾

第一条：灰吹銀の不足論

一　或説に、諸国銀山より出候灰吹銀を以て今の新銀に（正徳元年⁽⁷³⁾より造出し候所、世に四宝銀⁽⁷⁴⁾と申すもの也。）吹加へられ⁽⁷⁵⁾候て、上銀の位に（慶長六年⁽⁷⁶⁾より元禄八年⁽⁷⁷⁾迄造出し候所、世に古銀と申すもの也。）なされ、

---

(68)　幕府の意思決定にあたる人々。
(69)　家宣の遺志を天下の人に行き渡らせるような策。
(70)　「別記」は、「建議　八」。
(71)　白石は、1713（正徳3）年に数えで57歳。当時として十分な「老人」であった。

世に通行せらるべきには，今の新銀三十九万四千七百貫目余に用ゆべき料の灰吹銀，凡(およそ)百十八万貫目のつもりにて候(78)。然るに，近年以来一箇年に出来り候灰吹銀，わづかに四千貫目に過ず候へば，此灰吹銀を以て，今の新銀に吹加へ候はんには，三百余年を経ず候ては，新銀ことごとく改造られ候事，かなふべからず候由の事(79)。

　此説は，銀座の輩申出候所と相聞候。此輩の申す所は其奥義(80)あるべき事に候へば，論ずるにたらず候へども，此輩の申す所は，世の人の信じ用ゆべきに所にも候を以て，まず其大略を弁ずべき事に候。某五穀の地に生じ出候事を見候に，凡(およそ)百畝の田には年ごとに其穀いかほど出来るべきと申す事は，定たる事に候だに，其年の豊凶，其地の肥瘠(ひせき)により候て，多くも出来り，少なくも出来り候は，よのつねの事にて候。金銀の地中に生じ出候事，五穀の例には准ずべからず候(81)。たとひ，当時，諸国の山々より生じ出候所，其数多く出来り候はんも，其数少く出来り候はんも，こ

---

(72) 世の人々が申し述べる議論。
　　以降，問題とされる論点は，金にかかわるものより銀にかかわるものが多い。これは，宝永期以降，銀貨の改鋳が何度にも及び，その数量が増大するとともに，品位が金貨のそれと比べて大きく悪化したこと，それによって，「金高銀安」が進んだことと関連している。「金高銀安」は，銀遣いである上方での物価の上昇を激しいものとするとともに，上方製品の金遣いである江戸市場での低評価をもたらした。
(73) 1711年。
(74) 四宝字銀。
(75) 溶解して加える。
(76) 1601年。
(77) 1695年。
(78) 計算は，単位は万で，
　　　$0.8(39.47+x) = 0.2 \times 39.47 + x$
　　　$x = 118.41$。
(79) 計算は，単位は万で，
　　　$118 \div 0.4 = 295$。
(80) その先の考え方。後出。

とごとく皆採尽し候て出来るまじく候はんも，又，猶いまだ採尽さず候へ
ども，或は水湧き或は土崩れ候て，採得し所の金銀の数を以ては，其費を
償ふにたらず候へば(82)，採出し候に及ばず候はんも，又，只今迄は出来
らざる山々より，これより後に生じ出べく候はんも，皆々はかりしり難き
事に候へば，当時出来り候数を以て，三百余年の間の事をかねてよりはか
り候事，心得がたく候。これ一つ。

　当時一年に出来り候灰吹銀，四千貫目の内，その二千貫目は，新金を造
られ候によりて，元禄金の中より出来り候所の塩銀(83)と申すものゝ由に
て候。元禄金いまだ改造られざる所，七百三十二万百三十五両は，天下に
散在して有べく候へども，宝永七年以来，改造候数を以て推測候に，（寅，
卯，辰，三年(84)の間，造出し候所新金の数，凡(およそ)八百八十八万六百三十
三両二分也。）元禄金皆々改尽し候はん事も，三年を出ずして其功終り候
べき歟(か)。然らば，当時一年の間に出来り候四千貫目の灰吹銀，三年を出ず
して二千貫目をば減じ候べし(85)。志(し)かるを，三百余年が間，年々に灰吹
四千貫目出来るべき事と相はかり候事，心得難く候。これ二つ。

　たとひ此法のごとくにして三百余年を経候て，今の新銀ことごとく改造
り候とも，猶今天下に散在し候所の元禄銀，宝永銀，中銀，三宝字銀等，
凡(およそ)三十九万九千九十六貫目余の新銀ども，ことごとく皆改造り尽さず候
はんには，天下の大難ゆるび候事も有べからず。然らば，又，此等の新銀
共改造られ候はんには，重ねて又，三百余年を経ずしてかなふべからず。

---

(81)　金銀と「五穀」とを対比することによって，金銀の資源としての特質を明らかに
するという手法は，「建議　六」にも見られる。
(82)　採算的に限界鉱山より劣等な鉱山。白石は，生産費と収益とが等しくなる鉱山が，
操業可能な限界鉱山であると認識していたことになる。
(83)　金品位の低い元禄金を，金品位の高い宝永金に改鋳することによって得られる余
剰の銀。
(84)　それぞれ，1710（宝永7）年，1711（正徳元）年，1712（正徳2）年。
(85)　元禄金を宝永金に改鋳して得られる塩銀は，その改鋳の終了とともに得られなく
なる。

しかるを，今の新銀の事のみをかぞへ申す事，心得がたく候。これ三つ。
　たとひ又，元禄以来五度迄変じ候新銀ども，ことごとく皆改造られ候事，前後に通じて六百余年を経候て，其功を成就すべく候とも，これらの年月を経候うち，天下の事勢，今日のごとくにして相変ずる事もなく候はんには，其功も成就し候べし。凡（およそ）天地の運三十年にして一変し候事，古今の常数(86)に候へば，六百余年の間，当時一年の事をはかり候ごとくに候はん事，万々に其理有べからず候。これ四つ。
　天下の事，理一端を以て論じ尽し難き事，よのつねの事に候。然るに，今の新銀改めらるべき事，年ごとに出来り候灰吹銀のみをたのまれ候はん御事と心得候はんは，其一ツを知りて其二ツを知らずとは申すべき事に候(87)。これ五つ。
　此等五つを初て，心得難き事共に候へば，これまた大数ある事をも，活法ある事をも存じわきまへざる小人ども，其謀（はかりごと）の行はれ候はん事を相はかりて，まづ此等の説を申出せし所に候歟（か）。

第二条：鉛の不足論

一　或説に，諸国銀山より出候鉛を以て，今の新銀に雑（まじり）候灰吹の銀と銅とを吹わけ(88)候て，其灰吹を以て上銀の位になされ候には，今の新銀三十九万四千七百貫目余に入り候銅を吹わくべき料の鉛，凡（およそ）二百七十六万二千貫目余を用ゆべく候。然るに近年以来，越後国上田銀山より出来り候鉛一箇年の数(89)，凡（およそ）三千七百三十六貫七百匁余に過ず候へば，（此外，諸国銀山より出る所は其数もしれず。また売出し候歟（か）否もいまだしるべからずといふ。）此鉛を以て今の新銀に雑（まじり）候灰吹銀を吹わけ候はんには，凡（およそ）六百五十年を経ずしては，新銀ことごとく改メ造らるゝ事かなふべからず。又鉛の毒気にあたり候て死し候

---

(86)　決まった数。
(87)　既存の銀貨からの銀の獲得を指す。
(88)　溶解して分離する。
(89)　鉛は，銀山の副産物として得られた。

ものども，其数を知るべからず候由の事。

　此説，又銀座の輩の申出し候所と相聞候。これ又，論ずるにたらず候得共，尤(もっとも)以て其謂(いい)なき事共を弁じ候べし。某此大法を承候に，銀座におゐて銀を試候法にて推はかり候に，今の新銀百匁の内に雑(まじ)り候灰吹銀と銅とを吹わけ候料の鉛，七百目を用ゆべき事に候由にて候(90)。某又，年比(91)承及び候に，大坂に住し候銅吹屋の者共，諸国山々より出来り候銅の内より，銀を採候て其活計と仕る事に候。(此事を世には銀しぼりと申し候歟(か)。) 其法をつぶさにたづね問ひ候に，山々より出来り候銅を見候て，其中に雑(まじ)り候所の銀の多少により鉛をも増減し候事，凡(およそ)銅百斤(92)に鉛を用ひ候所，三十五斤よりして四十五斤に至候由にて候。今の新銀其名は銀にて候へども，其中にある所の灰吹銀わづかに十分が二にて候へば(93)，真実は，銅の銀多く雑(まじ)り候物よりは大きに劣り候へば，吹屋の法を用ひ候て，今の新銀の灰吹銀採出し候はんには，今の新銀百貫目には，鉛わづかに三十五貫目を用ゆべく候歟(か)。たとひ越後の国より出来候鉛のみを用ひ候とも，年ごとに今の新銀一万貫目の内に候灰吹の銀，二千貫目をば採出候べし。(銀座の法のごとくに候はば，越後国より出候鉛の数にては，わづかに今の新銀五百貫目を吹わけ候て，灰吹の銀百貫目余ならではとり出し候事，かなふべからず候(94)。) 殊には又，鉛の毒気にあたり候もの必らず死しうせ候はんには，此事を業とし候大坂の吹屋共，何事を苦しみ候て，かゝることをば業とし候やらむ。又，いかなる命づよき者共にて，世の中にいきながらへ候て，此事をば業とし候やらむ。尤(もっとも)あやしむべき事に候(95)。こ

---

(90) 以上，銀座での実際の結果を述べる。
(91) 「年比」で「近年」。
(92) 明治以降に整備された度量衡では，1斤＝160匁＝600グラム。
(93) 表1-2を参照。
(94) 以上，銀座の者が主張する，銀を採り出すのに必要な鉛の量が誇張されたものであることを述べる。
(95) 白石の反論とは違い，鉛を扱う作業は健康に有害な作業である。

れ一つ。

　天下の銀山，その数多候へば，其山々より出来り候鉛も猶其数多あるべき事に候処に，越後国の鉛の事のみにて此事を決し申す事，心得難き事に候(96)。これ二つ。

　たとひ又，此説のごとくに六百余年を経候て，今の新銀ことごとく皆改造られ候とも，元禄銀，宝永銀，中銀，三宝字銀等をも改らるべき御事に候へば，重ねて又六百余年を経べく候へば，前後に通じて千二百余年を経ずしては，天下の新銀共ことごとく皆改らるゝ事，かなふまじき御事に候歟(か)。これ三つ。

第三条：中銀への改鋳論

一　或説に，今の新銀を以て上銀に改造らるべき事のかなふべからざる事，前二条に見えし所のごとくに候。たとひ又，上銀を以て天下に通行せられ候事其功成り候とも，今の新銀をも改メ造られず候ては，金銀の価相当らず候て，必ず万物の価減じ候事も有べからず(97)。しからば，まづ元禄以来の新銀共の中に，今の新金(98)につりあひ候はん物を撰ばれ，そのごとくに新銀を造出さるべき事(99)，金銀ふたつながらのため，尤(もっとも)以て可レ然(100)候事に候歟(か)，の由の事。

　此の説，又銀座の輩の申す所にて，すなはち前にしるし候此輩の奥義は此事に候へば，まづ前の二条の説を申出候事とは相聞候。某此大法を承候に，まづ今の新金一両を以て，慶長以来の銀共に両替すべき所をかんがへ候に，今の新金一両を以て両替し候はんには，古銀(101)は三十一匁余，元

---

(96)　全国的な鉛の産出量で問題を判断しなければならない。
(97)　金銀の比価が適正なものとなり，物価が低下すると言うこともない。
(98)　宝永金（乾字金）。
(99)　元禄以来の新銀の中から，宝永金と適切な比価を保っているものを選び，それを新銀として鋳造することが望ましい。
(100)　然る可く。

禄銀は三十九匁余，宝永銀は五十匁，中銀は六十二匁余，三宝字銀は七十八匁，今の新銀は百二十五匁に相当する事に候[102]。

　（頭書）[103] 按ずるに此説の数をつぶさに考るに，すこしくたがふ所あるか。まづその説のまゝにしるす所也。

　しからば，中銀のごとくに改造られ候はゞ，新金と其価平かに候べし[104]。次に，当時一年の間に出来り候所の灰吹の銀，四千貫目余を四分し，其三分を以て今の新銀に吹入候はゞ，中銀凡一万三千三百四十八貫五百五十四匁[105] を造出すべく候。又，残る所の一分の灰吹銀を以て，銅を雑候て，造出し候所の中銀千八百九十四貫九百三十四匁[106] の内，四百九十八貫五百二十五匁は上の御徳用[107] と（すなわち，世に御書目録[108] と申す事也。）なり候べし，とのことに候。もし此法を取用ひられ候とも，一年に出来り候所の中銀，凡一万五千二百四十三貫四百八十八匁[109] に過ず候へば，元禄以来の新銀ども，ことごとく皆改造られ候はんには，百年を経ず候はでは，功終るべからず候。これ一つ。

　此輩が申す所の一年の間に出来り候灰吹銀四千貫目と申すも，其内二千

---

(101)　慶長銀。
(102)　以上，既存の6種類の銀貨の品位に応じた価格。
(103)　上欄への書き込みのこと。
(104)　中銀（二宝字銀）のように製作すれば，金1両＝銀60匁に近似した相場になる。
(105)　二宝字銀の銀含有率は40％。四宝字銀の銀含有率は20％。したがって，計算は，以下になるか。
　　　$0.4(4{,}000 \times 3/4 + x) = 0.2x + 4{,}000 \times 3/4$
　　　　$x = 9{,}000$
　　　$9{,}000 + 3{,}000 = 12{,}000$
(106)　計算は，以下になるか。
　　　$(4{,}000 \times 1/4) \div 0.4 = 2{,}500$。
(107)　幕府の利得分。
(108)　徳用分を呼ぶ符丁か。
(109)　計算は，
　　　$13{,}348.554 + 1{,}894.934 = 15{,}243.488$。

貫目は元禄金より出候塩金をかぞへ入たる事に候へば，三年を出ずして，灰吹二千貫目をば減じ候べし。（此事第一条の下につまびらかに見えたり。）然らば，それより後，いづれの所より出来り候所を以て，此数には充候べきや(110)。もし出来る所もなく候はんには，一年の間に造出し候所の中銀の数，七千六百二十一貫九百四十目には過ぐべからず。上御徳用の所と申すも，わづかに二百四十九貫二百六十二匁五分にて候べき歟(111)。（これ皆灰吹銀二千貫目にて造出す所の中銀の数也。）然らば，又，三百年に及ばず候ては，今の新銀共ことごとく皆改め造り出し候事，かなふべからず候。これ二つ。

たとひ中銀を造出され候て，新金の価と相当り候とも，元禄，宝永，三宝字等の新銀，ことごとく皆改造られず候間は，金銀の惣場(112)くるひ候はん事，猶又，もとのごとくに候べき歟。これ三つ。

これより後，たとひ上銀を造出され候とも，しかるべき法なく候はんには，万物の価は，只今より増し候事は候とも，減じ候事はあるべからざる候。（上銀を造出され候はんには，天下通行の銀必らず其数を減ずべき事に候へば，しかるべき法なく候ては，其数の減じ候ほどの所を取返し候はんと競争ふべき事に候へば，物の価は減ずべからざる事に候(113)。）ましてや中銀造出され候はんには，万物の価は減じ候期はあるべからざる候

───

(110) 塩銀が得られなくなったら，その分をどのようにして補えばよいのであろうか。

(111) 以上，計算は，
　　　15,243.488÷2＝7,621.744。
　　　498.525÷2＝249.2625。

(112) 相場。

(113) 銀貨が減少したもとで，人々が改鋳前と同額の貨幣を確保しようと，各々の商品の価格を不変に保つので，物価は不変となる。すなわち，貨幣への需要が，諸財の価格に反映される。

　　これは，序論での議論とは異なる。貨幣数量の減少→物価の低落，というのは長期的視点において成り立つことであり，過渡的には，貨幣数量の減少→物価の不変，となることもあり得る，ということであろう。

歟⁽¹¹⁴⁾。これ四つ。

　元禄以来造出され候所の新銀共，いまだ改らるゝに及ばず候はんには，天下の人猶望む所も有べきことに候へども，わづかに中銀に改め候はんには，前御代仰出され候御旨にたがひ候のみにあらず，天下の人ふたゝび其望を失ひ候て，怨み憤り候事猶甚しく候はんには，世の事変はかりしらるべき事にあらず候。前車の覆り候所，其鑑遠きにあらず候歟。これ五つ。

　ましてや又，当時天下の大難⁽¹¹⁵⁾をすくはるべき御時にあたり候て，或は四百九十八貫五百二十五匁，或は二百四十九貫二百六十二匁五分の銀を以て，上の御徳用になされ候て可レ然⁽¹¹⁶⁾御事に候など申す事，とかくを論じ候はんも口惜しき事に候⁽¹¹⁷⁾。

　以上の三説は，皆々銀座の輩申す所にて，しかるべき人々の中にも，其説にまどはれ候も有レ之⁽¹¹⁸⁾候歟。

第四条：貨幣相場の安定困難論

一　或説に，新銀改造られ候て，上銀となされ候はんには，世に通行し候事，滞る所も有べからず。万物の価も減ずべき事に候。しかれども，元禄以来度々に新銀を改造られ候時，皆々慶長の例に准じ，金一両を以て銀六十匁に替べき由の御定にて，今も公儀におゐて用ひられ候所は其御定のごとくに候へども⁽¹¹⁹⁾，世の通行は其御定のごとくならず。今の新銀造出し候より此かた，銀座におゐて，正徳以前の銀どもを買収候に，増歩金と申す事候て，古銀一貫目を買収め候には，今の新銀一貫五百匁を用ひ，元禄銀一貫目には，今の新銀一貫三百匁，宝永銀一貫目には，今の新銀一貫百五十匁，三宝字銀一貫目には，

---

(114)　中銀の発行そのものが物価の上昇をもたらしたのであるから。
(115)　幕府の財政難と物価の騰貴。
(116)　然る可き。
(117)　「大難」を前に，小事によって判断を誤るべきでない。
(118)　之れ有り。
(119)　現在も，幕府は，金1両＝銀60匁を公定レートとしている。

今の新銀一貫十七匁を以て買収候き。両替屋共の通用もこれに准じ候へば、銀を以て銀に替候にも、すでに其相場同じからず候。況や、今の新金の制、其重さ古金にくらべ候には、其半に及び候へば(120)、彼是を相通じて、金銀の惣場平なるべき事は、はかり難く候由の事。

　此説は、しかるべき人々の申し沙汰せられ候所に候歟。此後上銀を造出され候て、世に通行し候新銀共と引かへられ候はん事、元禄以来の法のごとくに候はんには、元禄以来の新銀共、ことごとく改られず候はんうちは、元禄銀、宝永銀、中銀、三宝字銀等の新銀と、造出され候所の上銀と、彼是六品の銀ども、其相場わかれたち候て、通行たやすかるまじき事、智者を待ずして其理明らかに候へば(121)、世の通行滞る所もなく、万物の価も減じ候べきとの存寄(122)、まづ心得がたき事に候。これ一つ。

　元禄以来、金銀を改造り出され候事は、皆々世に通行し候所の金銀に、或は銀、或は銅を雑入られ、其数を増され候て、引かへ引かへせられ候ひしかば、是を造出され候事もたやすく、引かへられ候事もたやすく事済き。此後上銀を造出さるべき御事におゐては、灰吹の銀を以て新銀どもに増し入られ候はずしては、かなふまじき事に候へば、当時一年の間にわ

---

(120)　宝永金（乾字金）の重量が慶長金の約半分であること。

(121)　正徳の改貨以前の銀貨の交換の複雑さについては、以下を参照。草間直方は、徳川後期の町人学者。『三貨図彙』は、1815（文化12）年に完成。

表1-3　『三貨図彙』に見る各種銀貨の交換比率

慶長銀一貫目ニ	元禄銀一貫二百五十目、宝永銀一貫六百目、永中三ッ宝二貫目、同四ッ宝右同断。
元禄銀一貫目ニ	慶長銀八百目、宝永銀一貫二百八十目、永中三ッ宝一貫六百目、同四ッ宝右同断。
宝永銀一貫目ニ	慶長銀六百二十五匁、元禄銀永中三ッ宝四ッ宝銀一貫三百匁ヅヽ。
永中三ッ宝銀并四ッ宝銀一貫目ニ	慶長銀五百目、元禄銀六百二十五匁、宝永銀八百目。

出所：草間直方『三貨図彙』pp. 573-574.

(122)　思い付き。

づかに出来り候灰吹を以て，多くの新銀共に増し入られ候はんは，たやすからざる事，第一条に見え候ごとくに候。たとひ又，一年の間に出来り候鉛を以て，新銀共に雑り候灰吹を吹わけられ，上銀の料(123)にせられ候とも，其事又，たやすからず候事，第二条に見え候ごとくに候。いづれのかたに候とも，一年の間にわづかに出来候上銀を以て，多くの新銀共に引かへ引かへせられ候はんには，九牛が一毛にも及べからず候へば，天下公私のために，なにのたすけか有べく候はんや。これ二つ。

しからば，元禄以来の法のごとくに，上銀多く造出され候て，引かへ引かへせられ候はんには，その料とすべき所の灰吹，当時におゐては出来るべき所もなく候上は，もし上銀を造出され候はんには，必らず一つの良法(124)なく候ては，此事行なはれ難き御事に候と存寄られず候事，尤以て心得がたき事に候。これ三つ。

第五条：新銀の買収論

一　或説に，今の新銀改られ候事もかなふべからず。金銀の惣場貴からず賤からざるやうに御沙汰あるべき事もかなふべからず(125)。然上は，公儀の御金十万両ばかりを年々に出され候て，新銀を買収られ候はんには，新銀の惣場も上り候て，諸物の価も又，下り候べき歟，の由のこと。

此説は，両替の者共申す所にて，しかるべき人々もとり用ひられ(126)候所に候歟。此説は，当時天下に通行し候所の銀の数多く候て，其価軽くなり候故に，諸物の価は重くなり候事をよくわきまへ知り候故に，銀の数をとり収められ候て，其数を減ぜられ候はゞ，銀の価は重くなり，諸物の価も軽くなり候はんと申す事にて候へば(127)，誠に其謂ある事勿論に候。（序

---

(123) 材料。
(124) よい政策を実現する法。白石の提案を指す。
(125) 金銀の相場は市場で決まるのであって，「御沙汰」では左右出来ない。
(126) 採用している。
(127) 序論で白石が述べた，貨幣数量説的な貨幣論。

文に見え候，異朝歴代の論に似たる事に候へば，そのいはれなきにはあらず候へども，似たる事は似て候へども，大きに似ざる所候へば，取用ゆるにはたらざる説にて候歟⁽¹²⁸⁾。）しかれども，公儀に買収められ候所の新銀共，ことごとく皆上銀にも改造られ候て，長く御蔵にも蔵貯られ候はゞ，年々に世に通行し候新銀共の数も減じ，つゐには銀の価も今よりは重くなり候て，物の価も軽くなるべき事にて候。たとひ，年ごとに多くの御金を出され候て，新銀共買収られ候とも，いく程なくして又，其新銀共御払ひに出し用ひられ候はんには，世に通行し候所の新銀ども，つゐに其数を減ずるに及まじく候へば⁽¹²⁹⁾，渇し候ものゝために一椀の水をあたへ候に，程なく又，渇し候事もとのごとくに候事のごとくに，今日は銀の価重くなり候とも，明日は又，もとのごとくに軽くなり候べし。然らば，天下公私のため，何のたすけか候べき。しかれども，此説により候て，両替のものどもゝ，物の価重く成り候は，新銀共の数多くて，其価の軽くなり候故に候と存じ知り候事，相聞え候へば，某が論じ申す所におゐて，一つの明證出来り候事⁽¹³⁰⁾，尤以て幸甚と申すべく候歟。

第六条：両替商の処罰論

一 或説に，今の新銀，古の銀に引くらべ候に，其位は古に及ばず候へども，其数は古に倍々し候によりて，近年以来米穀の価年々に高くなり候て，古の飢饉など申せし時の価よりも猶増加り候へども，飢餓のもの一人も見え来らず候事は，金銀の数の多なり候て，天下の人をのをの其財とぼしからざるにより候歟。しからば，今の新銀天下のために其利益なしとは申すべからず。もし金銀の惣場も平かに，諸物の値も平かに候はゞ，金銀の数多く候はんは，しか

---

(128) 銀貨を改鋳するのではなく，既存の銀貨を買い集めるとする点に限界がある。

(129) 幕府が，買い収めた新銀を支出に用いるなら，市場で流通する新銀の量は変化しない。

(130) 貨幣市場の実際を熟知した両替の者も，貨幣数量説的な貨幣観をもっていることは，白石の同じ議論を裏付けるものとなる。

るべき事とも申すべく候歟。金銀の惣場平かならず候て、諸物の価年々に高くなり候事は、皆是両替之者共をのをの姦利(131)を貪り候故に、私に金銀の位を論じ候て、其惣場を高下し候に事起り候き。たとひ、此のち古のごとくなる上銀を造出され候て、今の新銀に引かへられ候はんにも、又々、両替のものどもいかなる事をかたくみ出し候て、世の害を引出候はんもはかりしるべからず候。たゞねがはくは、公儀の定め出され候所にそむき、私に多くの惣場をたて定め候て、物の価をも相増し、天下の人の怨み苦みを致し候罪を糺し明らめられ、両替の者共三五人を其罪に行はれ候はゞ、天下の人の心を慰められ候のみにあらず、金銀の惣場はたち所に平かになり候て、物の価もをのづから平かになり候べし。然らば、金銀を改造られ候にも及ばずして、天下の人をのをの其宝を宝とし、其利を利とし候べし。姦商(132)のために誤られ給ひ候て、只今迄造出され候金銀を改メ造られ、重ねて天下の難儀を引出され候事も候はんは、尤以て不レ可レ然(133)御事に候由の事。

　此説、専ら銀を以て通行し候、西国の人の説を承及候所にて候。某此説を承候て、其国々の難儀、東国方よりは猶甚だしく候事を推量り、嘆き入存候き。天下の人かく迄いとひはて(134)候新銀ども、上銀になし下され候はん事、誰かは悦び存ぜらるものゝ候べき。しかるに、此後銀法を改めらるゝ御事も候はゞ、又、いかなる難儀にか及び候べき(135)と存候は、弓に傷つき候鳥の月の影に驚き候たとへのごとくに候て、たゞ此まゝにもさし置れ候はん事、可レ然(136)御事と存候は、痛極り候ては其痛をしらず、と申すものにも候歟。凡天下の物貴きものは、必ずしも其数少くして其価も重く、賤しきものは、其数多くして其価も軽く候事は(137)、古今の間定り

---

(131)　よこしまな利益。
(132)　よこしまな利益をむさぼる商人。
(133)　然る可からざる。
(134)　厭い果て。大いに嫌がった。
(135)　改鋳が重ねられるようなことになれば、どんな困難に襲われるであろうかと。
(136)　然る可き。

たる理に候へば，銀の数多く候て其価も重かるべき事は，たとひ聖人世に出候とも，其政を施し行はれ候事は，かなふべからず候(138)。又，天下の商賈各其利を競争ひ候て，終に公私の難儀に及ばせ候事，其罪にあらずとは申すべからず候へども，其利を謀り候は小人の恒の心に候上は，ふかくとがむべき事にもあらず候(139)。むかし天文(140)の比よりして，東国の方にては永楽通宝(141)の銭をのみ用ひ候て，京銭(142)をば用ゆるに及候はず。(此事天文十九年(143)より始り候由を申候。永楽銭の外をばびたと称し候て，文字をも鐚としるし候き。その鐚銭共は東国の方には撰びすて候故に，皆々西方の国々に流れ行はれ候ひしかば，西方の国々にては，又，京銭と称し候き。京銭は，唐の開元通宝(144)銭より此かた，明の洪武通宝(145)銭に至候迄の，異朝歴代の銭共の事にて候。）其永楽銭を用ひ候法，一貫文を以て金一両に直候ひしに，当家世をしろしめされ，天下すでに一統し候ひしかば，四方の商旅相通じ候に及び，永楽銭と京銭とを通じ行ひ候に，永楽銭一貫文を以て京銭四貫文を直候ひしかば，銭の価ふたつにわかれたち候て，其訟やむ事なく候故に，慶長十一年(146)九月十一日，永楽通宝通

---

(137) 序論で論じられた白石の価格論。
(138) 白石は，以上の貨幣数量説的な貨幣論を，聖人すら覆せない「理」であるとしている。経済的な法則性の法則としての自立性を認めたものと言える。この叙述は，彼の経済法則観を知る上で重要な一文である。
(139) 商人は小人であるからという理由で，彼らの営利活動を認めている。
(140) 天文は，1532～1555年。
(141) 明の成祖永楽帝（在位1402～1424年）の治下で鋳造された銅銭。室町時代以降に日本にも流入した。
(142) きんせん。明代に中国南方で私鋳された銅銭。南京銭の略。白石は，京銭の私鋳銭としての性格にはふれない。
(143) 1550年。
(144) 唐代，621年以降に鋳造された銅銭。
(145) 明の太祖の治下（1369～1398年）に鋳造された銅銭。
(146) 1606年。

行の事を停られ，京銭を用ひられ候ひて，天下の銭価一定し候き。此時に当りて，東国の人民をのをの其財の四分が三を減じ候へども，(今迄は永楽銭一貫文を以て，金一両に用ひ候を，此時より銭法改りて，金一分となり候ひしかば，たちどころに金三分づゝをうしなひたる事にて候き(147)。)此法を定められ候事，下の財を奪はるべき御ためにあらず候ひしかば，東国六十余年の銭法一旦に改り候へども，一民も怨み憤り候ものもなく事定り候き(148)。元禄以来の銀法も，慶長の銭法を改められ候ごとくに候はゞ(149)，天下の商賈，いかでか上と其利を競ひ争ふことは候べき。然らば，みづから其過を悔改るに及ばずして，尤(とがめ)に倣ひ候ものどもを罪せらるべき御事，尤(もっとも)以て不可然(150)事に候歟。(尤に倣ふと申すは，人のわろき事をとがめながら，我もまたわろき事をなし候を申候。)

第七条：大銭の鋳造論

一　或説に，今の新銀の惣場甚やすき事，真実は其位のあしき故にはあらず，其数多き故に候へば(151)，其数の半を召上げられ候はゞ，其惣場平になり候べし。然れども，故なく其半を召上らるべき事もかなふべからず。然らば，好銅(152)を以て大銭を鋳出され候て，今の新銀に替られ候所の新銀をば，ことごとく皆吹つぶされ，銀と銅とを引わけられ，銀をば御蔵に収められ，銅をば大銭鋳出

---

(147)　1両は4分。
(148)　幕府の自己利益を図るための政策でなければ，民間人は貨幣制度の改革を受け入れる。
　　　この理解は，白石の改貨策の根柢をなす民衆観となっている。「建議」において，白石は，永楽通宝をめぐる問題に何度か言及する。
(149)　元禄以来の銀貨の改鋳も，慶長の銭法の変更のように，幕府が自己利益を図るための政策でなかったのなら。
(150)　然る可からざる。
(151)　この叙述から，当時，貨幣数量説的な貨幣論が，「学材」のあるものに普及していたことが分かる。
(152)　質の良い銅。

され候たすけともなされ可[レ]然[(153)]御事に候由の事。

　此説，京都にてすこしく学材も候ものども申沙汰し候所と承及び候。大銭を鋳造らるべき料の銅の出来るべき法なども，異朝におゐて行はれ候事共引あはせ候て，其説殊に長く候へども，まずその大略を本文にしるし候。某愚存の所を詳にしるし候はんも，又，事長く候へば，其大略をしるすべく候。当家天下をしろしめされ候より此かた，天下貨財の法[(154)]，金銀銭の三品を兼用ひられ候事，すなはち，古の聖人，金銀銅を以て上中下の三幣となされ候遺法なるべく候。（我朝のむかしは，金銀をば宝として交易の事に用ひられず，稲と布と銭との三つを以て売買の利を通じ候き。異朝にても，中古以来は，金を以ては交易の事には用ひず，銀と銭との二つを用ひ，その後は銀と鈔[(155)]と銭との三つを以て通行し候事，すでに六百年に及び候歟。）其法は金を以て父とし，銀を以て母とし，銭を以て子とせられ，凡(およそ)金一両の価，銀にしては六十匁，銭にしては四貫文に直(あて)られ，財を用ゆる事の数すくなきときは銭を用ひ，銭の数多く重くして通行[(156)]たやすからざるに至ては銀を用ひ，又，銀の数多く重くして通行たやすからざるに至ては金を用ひ，金銀銅の三つ，をのづから上中下の品相分れ候所にしたがひ，其多少軽重を平準し[(157)]，彼通ぜざる所は，是を以て通じ，是通ぜざる所は，彼を以て通じ，たがひに其通行の壅(ふさがり)滞る事なからんやうに，定め置かれ候き。（商賈の類，銭四貫文腰にしがたく候へば，銀百匁も懐にし，銀一貫目懐にしがたく候へば，金二十両も三十両も懐にしつべきは，多少軽重を以て平準の法をたてられ候故に，其通行の滞りなきいはれにて候。又，五畿七道の中，東国にては金を用ひ，西国にては銀を用

---

(153)　然る可き。
(154)　貨幣に関する法。
(155)　紙幣。
(156)　持ち運んで行くこと。
(157)　金銀銭それぞれの貨幣を使い分けて，数量・重量が過多にならないよう出来るようにする。

ひ候⁽¹⁵⁸⁾。東国の中にても，奥州⁽¹⁵⁹⁾にては一分判をのみ用ひ候て，一両判をば見知らぬものも候へば，まして銀などのことは沙汰にも及ばず⁽¹⁶⁰⁾候。銭は天下に通行し候へども，之も奥州にては，九十六文を以て百銭に用ひ候事をばしらず候。百文を以て百銭とし候て通じ行ひ候⁽¹⁶¹⁾。只今一統の天下に候だに，其地方によりてをのをの用ひ候所，同じからず候。しからば，金銀銭の三品を兼用ひられ候御事，誠に古今以来，万国の間にことすぐれたる御家法とは申すべき御事に候⁽¹⁶²⁾。然るに，元禄以来，金の品は，古金，元禄金，今の新金，三つにわかれ，銀の品は，古銀，元禄銀，宝永銀，中銀，三宝字銀，今の新銀，六つにわかれ，銭の品も，古銭，寛永銭，文字銭，大銭，今の新銭⁽¹⁶³⁾，五つにわかれ候。但し，これはいやしき貨に候故に，さして世の人異論もなく用ゆ。むかしは金銀銭だゞ三品に定め置れ候御事，当時は金銀ばかりも九品に相わかれたち候へば，其惣場定かね候て，天下の財用通じがたく候事⁽¹⁶⁴⁾は，其いはれなき事にはあらず候。これらの所，よくよく聞召(きこしめし)わかたるべき御事に候。）元禄以来，金銀の法改り，天下財用通行し難く候事共，前に注し所すでに詳に候へば，重ねて論ずるに及ばず。その中，今の新銀造出し候に至て，銀の通行殊に壅(ふさがり)滞り候事，其謂ある事にて候。其故は，正徳元年⁽¹⁶⁵⁾八月，今の新銀

---

(158) 東国の金遣い，西国の銀遣いの違いを言う。
(159) 陸奥国の別名。
(160) 話としても知らない。
(161) 銭96文を100銭として扱う慣習があることを，陸奥では知らない。そこでは，銭100文をもって，100銭としている。
(162) 金遣い圏と銀遣い圏からなる日本の統一政権として，金銀銭の3種を流通させるという法は優れている。
(163) 古銭は，慶長通宝（1606（慶長11）年頃発行），元和通宝（1617（元和3）年発行）のことか。寛永通宝は，1636（寛永13）年より発行。大銭は，当十銭の宝永通宝（1708（宝永5）年発行）のこと。「今の新銭」は大銭と同年，それに先だって発行された1文の宝永通宝。文字銭は裏面に「文」の字の入った寛永通宝。
(164) 金貨3種・銀貨6種と種類が多すぎて，貨幣の流通に支障をきたしている。

造出し候時，いかなる謂候ひし歟(か)，当地(166)におゐて造出し候しばかりにては其数猶少く候由にて，京都におゐても造出させ候て，日夜の催促しきりに候によりて，わづかに十三箇月の間に，四十一万貫目の銀造出し候ほどの事に候ひしかば，銀座の輩も其功を費やし候に及ばず，多くは丁銀(167)をのみ造出し，たまたま豆板(168)の銀造出し候はんとし候へ共，新銀の料，灰吹少く銅多候へば，銅ようやく鑠(とろけ)候時には，灰吹すでに流れうせ候て，ふたつの物融じ和せず候へば，傾出し候て，ちいさき銀に造るべきやうもなく候き(169)。(此の事，某銀座のものにたづね問ひ候て，其説を承り候き。)之によりて当時，世に通行し候所，丁銀のみ多く候て，豆板の銀すくなく候につきて，豆板の価高く候ひしかば，世の人買求候にも及ばず，銭をのみ用ひ候事になり候故に，銭の価も又高からざる事を得ず候。彼丁銀は価軽き物ども買求候べき物にはあらず候へば，終に無用の物となり候て，売出し候人のみ多く候て，買求候人は少く候によりて，其通行壅(ふさがり)滞り候て，つゐに其価も下り候(170)。然れば，新銀に銅多く雑り候て，其品下り候のみにあらず，豆板すくなくならざる事を得ず候事，これ又，其法を講究し，事の精く詳かならざるにより候歟(か)(171)。(最初，金と銀と銭との三つを兼行ふべしと定置れ候御事は，銀の用は金と銭との間をあひ通じ候へば，其利は形ちいさくして，軽きにある事にて候。たとへば，父は外を治め，母は内を治め，子は又，父母の命をうけつかへ候ごとくに候処に，父も母も外の事を治め候て，其子たるもの，専ら母にかは

---

(165) 1711年。
(166) 江戸。銀座は江戸と京都におかれた。
(167) ナマコ型の銀貨。
(168) 豆板銀。丁銀の下位貨幣的役割を果たした。
(169) 銀と銅とがうまく融合しないので，炉を傾けて小さな豆板銀を造ることが出来なかった。
(170) 以上，貨幣の短期の価格が，需給関係によって決まることの好例である。
(171) 銀貨の流通の実際に関して，精しく研究しなかったことによるのである。

りて内をも治め候はんには，其家の事相乱れずしてかなふべからず候。こ
れらの神慮をよくよく相かんがへ候にも及ばず，わづかなるその才をたの
み候て，事を行ひ候は，すなはち前に申す，小数をはかり，死法を守りた
るあやまりと申すべく候か。）然るに，此説のごとくに，大銭を鋳出され，
今の新銀の数を減ぜられ候とも，無用の新銀其数少々減じ候ばかりにて，
さして世のたすけともなるべからざる御事に，多くの御費用あるべき事心
得難く候歟(か)。これ一つ。

　或は銀五分に直り(172)，或は銀一匁に直り候大銭を造出され候とも，其
質もとより銅にては，上は専ら銀を通行し国々の人これを見候事，今の新
銀を見候ごとくにもあるべからず候(173)。これ二つ。

　もし又，或は銭十文，或は銭二十文に直り候大銭を造出され候て，其数
すくなく候て多くの銭に直り候とも，其質もとより銅にて候上は，其重き
事は銀よりは重かるべき事に候へば(174)，其通行滞るところあるべく候歟(か)。
これ三つ。

　たとひ又，其法宝永の大銭に同じからず候とも，宝永の時，天下の人怨
み苦み候事は，前車の戒遠からず候へば，今又，其覆轍に随(したが)るべき御事
にあらず候(175)。これ四つ。

　異朝におゐて大銭を造られ候事も度々に及び候ひしかども，其代の人々
皆々不レ可レ然(176)事の由，申し沙汰し候き。況(いわん)や，当時におゐては尤(もっとも)以
て不レ可レ然(177)事に候上は，信用にたるべからざる説に候。これ五つ。

---

(172)　当たる。相当する。
(173)　今の新銀にすら及ばない評価を与えるであろう。
(174)　銅貨は，同額の銀貨より重い。
(175)　前車の覆るは後車の戒め。『漢書』にある言葉。
(176)　然る可からざる。
(177)　前注に同じ。

第八条：宝鈔の発行論

一 或説に，今の新銀の害を除かるべき事は，まづ宝鈔[178]を造られ，今の新銀ことごとく皆引替られ，金と鈔と銭とを以て雑用ゆべき由を仰出され，次に新銭を鋳出され候て，銭の数をも足され候はゞ，天下の財用とぼしかるべからず。諸物の価もをのづから平なるべし。次に天下の山々をたづね求められば，今とても金銅を生じ出す所なき事もあるべからず。其山々より出来る所を以て，金銀を改造られ候はんには，十年のうちには元禄以前天下に通行し候ほどの金銀の数は出来るべし。其時に及びて改造られし金銀を以て，宝鈔の半に引かへられ，残る所の宝鈔をば，ことごとく皆焚棄られ候はんには，誰かは異議を申すものゝ候べき歟。然らば，金銀の位も古のごとくになり返り，諸物の価も平かに，天下の財用滞る所有べからず候由の事。

　此の説は，しかるべき人の中より，某に申送られ候所にて候。此説その大要を得たる事[179]と存じ候故に，其説の詳なる事を二たび三たび尋問候へども，もとより外人[180]は，元禄以来の金銀の数，又一年の間に出来り候所の金銀の数等を，明らかに知り得べき事にあらず候へば，その精しく密かなる論は，いまだ到らざる所も候き。況や又，人の才性その大なる所をよく得候て，その小なる所を得ず候も，その小なる所をよく得候て，その大なる所を得ず候も候事[181]，よのつねの事に候て[182]，よく大によく小きなるは聖人の能事と承候へば[183]，その大要を得候事も末代[184]に

---

(178) 紙幣。
(179) 大筋で納得出来る見解である。
　　　「建議　五」での議論と大要では同じとなる。堺の商人，谷長右衛門の意見書。
(180) 幕府で貨幣問題にかかわる者以外の者。
(181) 大局は把握出来るが，局部は把握出来ない才能の者や，局部は把握出来るが，大局は把握出来ない才能の者がいる。
(182) 原書では，この前に「その小なる所をよく得候て，その大なる所を得ず候も」が繰り返されている。誤植と考え削除した。
(183) 全体と局部の双方をよく把握出来るのは，聖人のなせることと言うから。
(184) 聖人の出現した時代から遠く隔たった現代。

はありがたかるべく候。大工の家を造り候を見候に，其棟梁と申すものは，木づくりなど仕り得たるものはまれにて，番匠[185]と申すものは，多くはかねあひ[186]を存じ候はなく候。然れども，其家を造出候事におゐては，棟梁ならでは其功を成し候事かなひ難く候へば，たとひ，その精しく密かなる論はいまだ至らぬ所候とも，これらの説を得候事は，尤も以て大幸の至に候ものか歟。

結語

右八条をしるし候事は，凡およそ大事を議し候事は難き事に候へども，大事を決し候に到ては猶難くして，又難き事に候へば，古の人の申し候にも，舎を道傍に作る時は三年迄に成らずと申事も候き。（これは，道のほとりに家を作り候時は，往来の人のとかくと評論し候につきて，家たつる人心まどひし候て，其疑を決し難く候とのたとへにて候。我国のたとへに，船頭多く候，船をば山にのりのぼせ候と申すも，其義同じく候歟か。）たとひ某議シ申す所，世に行なはるべき御事に候とも，もし多くの人々にたづね問れ候はんには，必ず諸説まちまちにして，つねに一定仕るべからず候。其上又，狐裘こきゅう[187]を作るべき事を狐と議り候ひしかば，三年迄に一裘きゅうを得ずと申す事も候へば，（これは狐の皮にて裘かわごろもを作るべき事を狐と相議り候ひしに，其狐多くの狐を引つれて他国ににげゆき候故に，作り出す事ならざる由の義に候。）此等の御沙汰候など，銀座両替の輩を始候て，商賈の類伝承候はんには，必ず又，申妨候事も出来るべく候歟か[188]。（先年，長崎の法[189]の事を議申候ひし時の事，かくのごとき

---

(185) 大工。ここでは，実際の作業に携わらない「棟梁」のこと。
(186) 木組みのつりあい。
(187) 狐の皮ごろも。
(188) 昔，こうした御沙汰があった等と言って，銀座，両替の者を始めとして町人達は，言い伝えがあれば必ず妨げをなそうとするであろう。
　　　裏から言えば，町人達は，過去の「御沙汰」を理由に，幕府による既得権益の侵害に抵抗する力を持っていたことになる。

に候き。）しかれども、<ruby>羹<rt>あつもの</rt></ruby>に懲りて<ruby>膾<rt>なます</rt></ruby>を吹くと申す事も候へば（これは、あつき汁にて舌をやき候人は、ひやゝかなる<ruby>膾<rt>なます</rt></ruby>をも吹きさまし候事ある事也、との義に候。）元禄以来金銀の事、たゞ一人(190)に任せ置れ候て、わづかに十八年の間に六十州(191)の大害を引起し、千余年を経ずしては其害を除かれ難きなど申事も出来候へば、某一人の議を御採用ひあるべき御事とも存ぜられず候。

　こゝを以て、去年の冬、前御代(192)仰の旨を披露候より此かた、天下の人の申沙汰し候ほどの事どもを、此の書の始にあつめしるし候て、その申沙汰し候所の理に当り候<ruby>歟<rt>か</rt></ruby>否の事共、某が愚存の及び候ほどの所をば明らかに弁じ候て、次に某が愚存の事共をあらはし候。彼是を御覧合され候はゞ、多くの人々に尋問れ候迄もなく(193)、執政の御方々(194)御議定の上にて、其事は決すべき御事と、奉レ存(195)候故にて候。

---

(189)　後に「海舶互市新例」(1715（正徳5）年）となる法。
(190)　荻原重秀。
(191)　日本全国。
(192)　6代将軍家宣。家宣の死は、1712（正徳2）年。
(193)　この書において、様々の金・銀貨についての政策案を紹介し、それらへの私見も述べたので、その全体を合すれば、改めてそれらの案について問い合わせるには及ばない。
(194)　老中を始めとした重役達。
(195)　存じ奉り。

第 2 章 「白石建議　五」付注

はじめに

「白石建議　五（下巻）」，すなわち「改貨議」の後半部分への付注である。末尾に，「白石建議　八」，すなわち「改貨議」の「別記」への付注を掲載する。

「建議　五」では，白石の改貨論が詳細に展開される。「建議　八」では，その改貨の方策の具体的な数値例が挙げられる。

白石建議　五（「改貨議」下巻）

総論

　金銀の法を改らるべき御事，其法を論じ候は末にて候[1]。まづ，其道を論ずべき事は本にて候[2]。其本立候はずしては，其末行はれ候事はあるべからず候。某愚存の及び候所，基本たるべき事五つ有レ之[3]候歟。一には，金銀共に慶長の法のごとくにあるべく候[4]。二には，上の御費を惜まるべからず候[5]。三には，下の利を奪はるべからず候[6]。四には，此事にあづかり候役

---

(1)　法，すなわち具体的な方策を論じるのは，本末の末のことである。
(2)　まず，方策の基礎になる考え方の道筋について論じるのが，本末の本である。
(3)　之れ有り。
(4)　金・銀貨の品位・重量を，慶長の金銀のそれに戻すこと。
　　　この点は，白石の改貨構想の根本をなしている。なお，彼が，金・銀貨の高「品位」性への復帰にこだわるのには，高品位の金・銀貨ならば自ずとその数量は限定されるという，「数量」問題への顧慮もあった。
(5)　改貨に当たって，幕府の費用を惜しまないこと。
　　　本来は幕府の収入になるはずの新産出の金銀を，改貨のために用いるのを惜しんではならない。
(6)　改貨に当たって，人民の利益を奪わないこと。
　　　改貨の事業を幕府の財政上の必要に従属させてはならない。

人を撰ばるべく候⁽⁷⁾。五には，誠信を失はるべからず候⁽⁸⁾。

其一に，金銀共に慶長の法のごとくに有べく候事は，すでに前御代⁽⁹⁾仰出され候御旨候上は，今更論ずるに及ばず候。

其二に，上の御費を惜まるべからず候事は，今の新金，古法よりは其形も重さも半にて⁽¹⁰⁾，今の新銀，古法よりは灰吹銀少く銅多く候へば⁽¹¹⁾，いづれも古法のごとくに改造られ候しは，増シ加へらるべき料の焼金⁽¹²⁾，灰吹銀等おびたゞしき御費たる事，勿論に候。しかれども，国は義を以て利とする⁽¹³⁾と申す事候へば，前御代の御徳意⁽¹⁴⁾を奉られ，当時公私の大害を除かれ，天下のために其宝を宝とせられ候べき大義を行はれ候はんには，必らず天下の大利は上に帰し奉る⁽¹⁵⁾べき御事に候。然らば，此等の御費等論ずるにたるべからず候。(改造らるべき料⁽¹⁶⁾の金銀をかぞへ候は，すなはち小数をはかるにては，終には天下の大利上に帰し候はんは，天地の間に大算数と申すものゝ候いはれにて候⁽¹⁷⁾。たとひ其小数を以てさしあたる所の一二を論じ候とも，上に帰し候利あるまじきにてもなく候歟。たとへば，只今上の御要用の事につきて召上られ候物の価の事，金を以て被‿下⁽¹⁸⁾候はゞ一両，銀を以て被‿下⁽¹⁹⁾候はゞ

───────────

（7）　改貨に携わる役人の人選を適切にするよう心すること。
　　　荻原重秀のもとでの勘定奉行配下の体制への批判を含んでいる。
（8）　改貨に当たって，幕府が誠実に行動すること。
　　　この点は，単に道徳的な訓戒ではなく，改貨に対する「天下の人」の信任を確保するための原則である。
（9）　6代将軍家宣。
（10）　宝永金（乾字金）が，その品位は慶長金にほぼ等しいが，重量が約2分の1になったこと。
（11）　四宝字銀を始め，元禄期以降の銀貨の品位が低下したこと。
（12）　よく吹き分けた純金。
（13）　国は，そのなすことが倫理・道徳にかなっていることをもって利益とする。
（14）　善政を施そうとする意図。
（15）　天下の利益は，幕府の利益に帰す。
（16）　材料。
（17）　「小数」と「大算数」については，「建議　四」を参照。

七十五匁被ᴸ下(20) べく候由を申す由にて候(21)。天下の御定法，金一両は銀六十匁に替候べき御事に候上は，金一両を七十五匁の惣場に被ᴸ成被ᴸ下(22) べく候とは申得ず候へども，金と銀とにつきて，其価を二つに申上候は(23)，銀の惣場やすく候へば，もし銀にて被ᴸ下(24) 候時は，たち所にその利を失ひ(25) 候故にやむ事を得ざる所にて候。これより後，銀法を改められ，金銀の惣場，むかしのごとくに相定り候はんには，金一両の物の価，すなはち銀六十匁を被ᴸ下(26) 候とも，其利をうしなふ事も有べからず候。然らば，金一両につきて銀十五匁の御費をば省かるべき御事に(27)。此積りを以てをしはかり候に，十両の物には二両二分の御費を減じ，百両の物には二十五両の御費を減じ，千両にしては二百五十両，万両にしては二千五百両，十万両にしては二万五千両，百万両にして二十五万両の御費を減じ候べき歟。ましてや諸物の価も漸々に減じ候におゐては(28)，彼是合せて，上の御費の減じ候事，かぞふるに暇あるべからざる候(29)。又，近年以来米ノ価高くなり来り候につきて，年々の御切米

---

(18)　下され。
(19)　前注に同じ。
(20)　下さる。
(21)　金払いで1両の物に銀払いするときは，75匁支払っている。
(22)　成され下さる。
(23)　金による価格と銀による価格を並んで提示することは。
(24)　下され。
(25)　「金高銀安」のもとで，銀の公定価格で物品を幕府に納入すれば，その商人に金換算で損失が出る。
(26)　下され。
(27)　幕府の支出は変動する金・銀貨相場に応じざるを得ないが，金・銀貨での収入の方は，固定的な要素が強いから成り立つ議論である。
　　　計算は，1両当たり銀15匁，1両＝銀60匁として4分の1両の支出減となるから，10両について2.5両，すなわち2両2分の支出減等々となる。
(28)　元禄期以来のインフレーションも終息していく。
(29)　ここでも，インフレーションの終息によって幕府が受益するという議論は，その支出の可変性と収入の固定性を前提としている。

の時，被ₗ下⁽³⁰⁾候御金⁽³¹⁾の数も増し来り候⁽³²⁾由，承及候。金銀の惣場相定まり，諸物の価も減じ候はんには，米ノ価もをのづから減ずべき事に候。ましてや人民の心も相祝ひ，饉歳の憂もなく候て，五穀もゆたかなるべく候へば，米ノ価も年々に減じ候べき歟。然らば又，御切米の御金の数も又，年々に減ずべき事に候⁽³³⁾。これら其利を利とせられ候御事にはなく候とも，をのづから天下の大利は，上に帰すべき御事共に候。まづ，これらの所を能々聞召わかたるべく候歟。）

其三に，下の利を奪はるまじき事は，第一巻⁽³⁴⁾の第六条の下に注し候，慶長十一年⁽³⁵⁾九月，永楽銭を停められ⁽³⁶⁾候御事のごとくに，上よりして其利を奪はれ候御心なく候はんには，たとひ多くの財を失ひ候とも，下の心も又，怨み憤り候事はあるべからず候。いかなる善政に候とも，上の御ため其利あるべき事を謀り候心候はんには，必らず其政行はれ難かるべき事に候。もし，金銀の法を改られ候につきて，元禄以来の事のごとくに，上の御ために其利を（御出目など申すの類。）相謀候はゞ，必らず思はざる外の難事⁽³⁷⁾出来り候べき歟。上よりして其利を奪はれず候はんには，下も又，其利を争ひ候事もなく候て，其法行はれ候所，必らず壅滞る所もあるべからず候。

其四に，此の事はあづかり候役人を撰ばるべき事は，金銀の法を改られ候はんには，金座銀座の輩を始て，多くの町人共をして其事にしたがわせず候てかなひ難く候。此等の類は，もとより小人の利を謀り候者共に候へば，もし其

────────

(30) 下され。
(31) 知行所をもたない武士が与えられた米あるいは金銭。ここでは金銭が問題となっている。
(32) 物価が上昇すれば，切米を上昇させずにはおれない。
(33) ここでは，幕府の米の売手としての性格にではなく，切米という形を経由しての，米の買手としての性格に焦点が当てられている。
(34) 「上巻」（「建議　四」）のこと。以下でも，「上巻」は「第一巻」と呼ばれる。
(35) 1606年。
(36) 永楽通宝の流通を停止したこと。「建議　四」を参照。
(37) 社会経済を混乱させる事態。

上にたち候人々の中，清廉の操なきもの一人も候はんには，必らず其下に至り候ては，姦計を以て貧利を競争ひ候て，其禍天下の人民に及び候て，上の御徳意(38)行なはれざる所出来候べき歟。然らば，たとひ其才略はなく候とも，其操清廉にして，よく其法を謹守るべき人々を撰ばれ候にはしくべからず候(39)。

其五に，誠信を失はるべからず候事は，元禄以来の事共を見候に，金銀銅共を雑(まぜ)造り候分剤(40)等を始て，毎事に就て其事明かならず候ひしかば(41)，下も又，毎事に就て其事を疑ひ候て，其心の信じ服し候事無く候故に，其事終に行なはれ難く候き。もとより其大謀，天下の利を奪ふべきために候へば，上をも欺き奉り，下をも罔(し)ひ候にあらざれば，其術行はれ難き事に候へば(42)，かる事も有レ之(43)候へども，小人は利に喩(さと)る(44)と申す事候へば，これら財利の事につきて，士大夫(45)の人々，工商の類と其智術をあらそふべき事かなふべからざる事にて候(46)。ましてや天下の事，其誠なく，其信なく候て行なはるべき事，万々に其理なき事に候。しからば，此法を行なはるべき御事は，其詐を行ふ事もなく，其約にたがふ事もなく，其賞其罰わづかもその私をいれずして，天下の人民上を信じ服し奉る事，天地神明のごとくにあらずしては，たや

---

(38) 善政の意図。
(39) 町人は，不正をおこなってでも個別的利益を追求する存在であるが，武士は，そうした町人の行動に巻き込まれずに，一般的利益を追求すべきである，という身分観。そうした身分観のもとで，統治のことは武士，経済のことは工商と，町人の営利活動が是認されていく。
(40) 配合。
(41) 荻原重秀が独断専行して改鋳をおこなったので，民間人も幕府の貨幣政策を信用しなくなった。
(42) 荻原重秀の不正が，単なる不正ではなく，金・銀貨の頻繁な悪鋳により，天下全体を巻き込んだ事件であったこと。
(43) 之れ有り。
(44) 『論語』里仁篇にある言葉。
(45) ここでは武士の意味。
(46) 経済のことに関して，武士は工商の人々と対等に競うことはできない。

すく行はれ難く候べき歟(か)。

此故まず此五つ(47)を以て，此の法を行はるべき大本とは申す御事にて候。

第一条：銀鈔の発行

第一　銀　凡(およそ)六十六万貫目に引替候べきほどの銀鈔(48)を造られ，銀鈔六十匁を以て，金には一両，銭には四貫文に替候て通行すべき由の法をたてられ，江戸，大坂両所におゐて元禄以来の新銀共と引替らるべき事。

此事の法意は

今の新銀に限らず，元禄以来造出され候新銀ども(49)，いづれにても上銀に（すなはち慶長の銀法。）改造られ候には，灰吹の銀多く増加られずしてかなふべからず候。然るに，近年以来，諸国山々より出来候灰吹の数，漸々にすくなく候て，其事なり難く候由の事は，第一巻の第一条に見え候ごとくに候。しからば，新銀共の中に雑(まじ)り候灰吹を採用ひ(50)候て，上銀造られ候料(51)に仕候にも，諸国山々より出来候鉛も，近年以来，漸々にすくなく候て，是又，其事なり難く候由の事，第一巻の第二条に見え候ご

---

(47) 1．金銀とも慶長の制度に復すること。2．改貨のための費用を惜しまないこと。3．改貨に当たって，人民の利益を奪わないこと。4．改貨に当たって，清廉な者を担当の役人とすること。5．改貨に当たって，幕府が誠信を失わないこと。以上5点。

総じて言えば，「天下の人」の幕府への信認の確保を目指している。幕府は，今日の政府であるとともに中央銀行でもあるのだから，それへの信認は，白石の改貨策の成否にとって決定的な条件である。

幕府の側が，公権力としての立場を捨てて自己利益を図り，「天下の人」を裏切らなければ，「天下の人」は幕府を信頼する，というのが，白石の民衆観の基本であった。前章の注（148）を参照。

(48)　将来において銀貨と兌換される紙幣。後出の「金鈔」は，将来において金貨と兌換される紙幣。

(49)　計5種類。

(50)　抽出し。

(51)　材料。

とくにて候。たとひ大坂吹屋(52)の者共，銅より銀を採り候法を用ひ候とも，まづ新銀どもことごとく皆，とり收候て，其灰吹をば採べき事に候。しかれども，上銀造出され候迄は，天下におゐて銀通行の事，一切に停めらるべき御事もかなひ難く候事は，勿論に候。しかれば，まづ銀鈔を造出され候て，天下の新銀ども皆々とり收められ候て(53)，灰吹少も多く入候銀共をば殘しをき，銅多き新銀共に雜り候灰吹共をば採出し候て，灰吹多き銀共に吹入吹入し候はゞ(54)，二十年の間には，世に通行し候ほどの上銀は造出さるべき事に候。これ一つ。

　たとひ，これより後，諸國山々より生じ候灰吹銀の數，多く出來り候て，上銀たやすく造出され候とも，元祿以來の法のごとくに上銀を出し候ては，新銀共に引かへ引かへし候はんには，新銀共皆々引かへ盡し候はぬほどは，上銀と世に通行し候所の新銀共と一々に惣場ちがひ出來，それのみならず，上銀と今の新金とのつりあひ，大きにちがひ候て，天下の大難ふたゝび出來り，諸物の價增し候事は候とも，減じ候事は有べからず候(55)。然れば，まづ銀鈔を造出され，銀鈔六十匁に金は一兩(56)，錢は四貫文に直られ候て，通行し候やうに其法をたてられ，新銀ども天下に通行し候事を嚴制せられ候はゞ，只今迄のごとくに金銀の惣場くるひ候事ひしと相やみ，諸物の價もをのづから減ずべき事に候(57)。これ二つ。

　もし幸に，天下公私の福いまだ盡ず候はんには，十年の間には，新銀共皆々引かへられ候ほどの上銀は出來るべき事に候。しかれども，天下の事

---

(52)　冶金業者。
(53)　新銀を一気に銀鈔と交換してしまう。
(54)　灰吹き銀の比較的多い銀貨を残しておき，それに銅が多い銀貨から取り出した灰吹き銀を加える。
(55)　新銀を一挙に発行せず，小出しに発行していくと，銀貨の相場を複雑化させるし，金・銀貨の比価の変動ももたらす。それらのことによって，物価が上昇することはあっても低下することはない。
(56)　原書には「匁」とあるが，「両」で意味が通る。

変は，かねてはかりがたき事に候へば，たとひ十年にして世に通行し候ほどの上銀は造出され候とも，新銀どもに引かへられ候銀鈔，皆々上銀と引きかへ候事は，猶又，十年も経べき事と心得候べき事にて候(58)。然れば，上銀出来そろひ候はぬ間は，銀鈔を以て其数の不足を補ふべき事に候。これ三つ。

たとひ又，つもりのごとく(59)に上銀出来そろひ候事，手数すくなく功終り候とも(60)，世に通行し候所の銀の数，元禄以前の数よりは増し候とも，只今迄の数よりは減ずべき事勿論に候(61)。然らば，上銀，新銀，其品大きに同じからず候とも，銀と銀とを以て引きかへられ候に，其数減じ候はゞ，いやしきものゝ心には猶あきたらぬ所も有べき事に候。まづ新銀共を以て銀鈔にうつしかへ，次に銀鈔を以て上銀にうつしかへ候はゞ，その美悪多少ふたつながら，相忘るゝ事も有べく候歟(62)。これ四つ。（天地の物も漸を以て成る事に候。大寒より大暑にうつり，大暑より大寒にうつり候はゞ，人物の生じ候事はあるべからず候。世の人寒暑のうつりかはり候事を覚候はぬは，春暖かに秋涼しき事の其間に候て，漸々を以て変じ候故に候歟(63)。）

---

(57) 銀鈔そのものの相場は法によって固定されるとする。
　　白石は，金鈔・銀鈔の相場の安定を，基本的には，金1両＝銀60匁という，法定の固定相場を遵守させることに委ねている。そうした法定の固定相場が，有効に機能するか否かは，究極的には，「天下の人」の幕府の貨幣政策，とりわけ金鈔・銀鈔の金・銀貨との兌換の約束への信認にかかっていた，と言える。なお，注（103），注（229）を参照。
(58) 銀鈔の兌換の終了は，20年を要する事業であると心得ること。
(59) あらかじめの見積もりのように。
(60) 困難が少なく完了する。
(61) 元禄以降，品位は低下したとはいえ，灰吹き銀を加えて銀貨を増鋳した。上銀の量は，元禄の改鋳以前よりは多いが，良鋳する分，現行の銀貨よりは少なくなる。
(62) 新銀と上銀との間に銀鈔をおき，その両者の違いを和らげることが望ましい。
(63) 変化は急速で大きすぎるものでないのが望ましいことの喩え。

今の新銀ども皆々とり収られ候て、銀鈔を行はれ、金と銭と三つながら其惣場くるひ候事なく相定り候て、諸物の価も漸々に相減じ候はん比には、世に通行し候ほどの上銀は造出し候べし。其時に至り候て、法を以て上銀を出し行はれ、銀鈔と引きかへられ候はゞ、たとひ上銀の数すくなく候とも、其はたらきは近年以来、新銀共の数多く候時よりは十倍し候て、公私のため可し然(64)事に候はんか(65)。これ五つ。

　元禄以来、新銀共を造出され候度々、慶長以来の古銀は申すに及ばず、元禄以来の新銀もことごとくに出し替るに及ばず候き(66)。(元禄銀、宝永銀、中銀、三宝字銀等、いまだ出し替ざる所、凡三十九万九千九十六貫目也。) 此後上銀改造られ候て、元禄以来の新銀共の事は、末代に限りて通行有まじき由の事を、世の人たしかに信じ服し候はゞ、今度におゐては、元禄以来の度々のごとくに、よからぬ新銀共惜み候事(67)は有べからず候。然れども、元禄銀の事は、其後の新銀共よりは其品よく候ひしかば、十数年の間、外国にも流入候て其半をも失ひ候べき歟。これらの事を存候故に、まづ新銀凡六十六万貫目に引替らるべきほどの銀鈔を造るべきとは申候。(此内、三十九万四千七百七貫目は、今の新銀に引きかへ候料、其余は元禄以来の新銀共に替候べき料に候。) 元禄、宝永等の新銀共数多く出来候におゐては、重ねて又、それに引換候べき銀鈔をば造らるべき御事に候。これ六つ。

此法を行はれ候仕第

　金銀をだに偽造候事に候へば、まして鈔をば偽造候事候につきて、鈔を

───────────────

(64)　然る可き。
(65)　銀貨の評価が上がるので、銀貨によって流通させられる財も多くなる。銀貨の購買力が増す。
　　「十倍し」は、正確に10倍ではなく「大きくなる」の意味。白石の数字の使い方には、正確な量を表現する使い方と、誇張法としての使い方とがある。
(66)　新銀貨が発行されても旧銀貨は回収されきらなかった。
(67)　悪鋳がさらに進むという思惑から、旧銀貨に固執し蓄蔵すること。

造候には其法も候て，偽造候事もなり難きやうに造出し，又，偽造を禁じ候法を厳にたてられ候事に候。これ一つ。

今の新銀，丁銀多く候て豆板すくなく候によりて，世の通行 壅 滞候由に候。銀鈔を造出され候にも，その心得し候て，六十六万貫の内大半は，豆板の料を造出さるべき事に候(68)。これ二つ。（十匁より以下の銀鈔の数多かるべき事に候。〇上銀を造られ候時に此心得有べき事勿論に候。）

最初，銀と鈔とを引替候時に，わづかにても下の利を失ひ候事候ては，此法行はれ難くあるべき事にて候。分厘と申すとも，其損失なきやうに，よくよく御沙汰あるべき御事にて候(69)。これ三つ。

鈔は必ず破れ損じ候事も，焼こがれ候事も，ぬれけがれ候事もあるものゝ由にて候。其文字だにたしかに候は，引替候て，大きに損失なきやうに，其御沙汰有べき御事に候。これ四つ。（異朝の法，或はやぶれ損じ，或は焼こがれ，或は油にぬれ候鈔をば，こなたにて両替の法の切賃(70)など申す事のごとくなる事候て，たとへば十匁の銀鈔やぶれ損じ候時に，その十匁としるされ候所もやぶれ候て，其文字うせ候は，その主の損失たる事勿論にて候。十匁としるされ候所の文字だに見え候をば，或は九匁五分，或は九匁ばかりの鈔と引きかえとらせ候事にて候。此法，下の利を奪ふのいはれにてはなく候。如レ此(71)になく候へば，金銀とちがひ候て，人のかろがろしく思ひなし候て，其財を失ひ候事に候へば，その事を戒むべきために候。）

江戸，大坂に引替候場を立られ候て，しかるべき町人をして其事を承らせ，（町年寄(72)等の類たるべく候歟。）銀座の者共を立合せ，御役人をも

---

(68) 小額の銀貨の不足による，日常の取引の不便に対応すること。
白石が，商取引の実態をよく把握していたことを示す叙述である。
(69) 民衆に損失を与えて，改鋳に対する疑念を招かないこと。
(70) 両替手数料。
(71) 此の如く。
(72) 町役人の首座。

撰ばれ候て，その場の奉行として差遣さるべき御事に候。その中，東国よりは西方の国々におゐて，多くは銀を以て通行し候事に候へば，大坂にて引きかへ候数は，江戸よりは多かるべき事に候。（大坂は北国，中国，四国，西国のものども来り集り候所故にて候。）これらの所をよくよく相はからひ，銀鈔の数をよろしく配当し候て，少も事の滞候事なきやうに御沙汰有べき御事に候(73)。これ五つ。（上銀造出，銀鈔と引かへられ候時も，此心得あるべきは勿論に候。）

　銀鈔を行はれ候はんには，必ず，まづ此事の由を，分明に天下に告知らせらるべき御事に候へば，其御触書を出さるべき御事に候。当地(74)を始め，所々の奉行より下知し候事は申すに及ばず，諸国の御領は御代官より下知し，私領は領主より下知し候て(75)，古銀所持し候ものは，そのまゝ蔵貯(ため)候て，上銀を造出され候時に，雑(まぜ)つかひ候べし。元禄以後の新銀共通行の事は，永く禁絶せられ候へば，ことごとく皆出し候て，銀鈔に引きかへ候べし(76)。遠国のかろきものども(77) わづかに所持候ものを以て，銀鈔引きかへのために出来り難き事に候へば，これらの類は御代官，領主等よろしく相はからひ候て，少も損失の事なく引かへられ候やうに，其沙汰有べき由を載(のせ)らるべき御事に候。（如ㇾ比(78)に候へば，今度におゐては只今迄のごとくに，私のもの引かへ候やうに，歩銀など申す事にてみちびき候にも及ばずして，出来るべき事に候(79)。）次に其御触書の諸国にゆき届き，それよりして，引かへのために出来るべきほどの日数をよくよくかんがへ

---

(73)　金遣い圏と銀遣い圏との違いを考慮すべきである。
　　　金遣い圏と銀遣い圏の問題については，「建議　七」に詳しい。
(74)　江戸。
(75)　幕領・非幕領を通じて，改鋳の情報の周知徹底を図るべきである。
(76)　品位の低い銀貨を一挙に回収してしまうことを目指す。
(77)　地方の身分の低い者たち。
(78)　此の如く。
(79)　旧貨に割増し金を付けて新貨と交換することをしないで，新旧貨の切り替えが出来る。

られ、いづれの月より引かへらるべく候、次に又、いづれの月より新銀共通行し候事を厳禁せられ候、（此禁ゆるがせに候はんには、新銀共出来る事遅々に及び候べき歟(80)。）但し、鈔と引かへ候事は制の限にあらざる由をも載らるべき御事に候。（銀と鈔と引かへ候事は制の限りにあらず、とあるべく候。子細は、もし、遠方の人など引かへをくれ候て、もはや引かへられ候はぬ事と心得候はゞ、其財をもうしなひ、又新銀ども出来り候ためにも(81)、旁以て不可然(82)故にて候。）すべて此等の御触書の次第、事の子細を詳にしるされ候て、天下の人の心の疑惑なく候て、信服し候やうにあるべき御事に候。これ六つ。

　上銀造出され候迄の間は、天下におゐて銀通行し事を禁絶せられ候はゞ、必ず対州(83)より訴申す事有べく候。然らば、年々に人参を調候料をよくよく糺し明められ、其料ばかりは其数を減省せられ候て、御ゆるし可然(84)候(85)。（其故は、すでに上銀の事をゆるされ候き。此後又、上銀を改造らるべき御事に候へば、彼是以て上銀を渡さるべき御事に候。上銀一貫目と申すとも、今の時は尤以て大切の事に候。みだりに御ゆるし有べく候事は、我国後代迄のため、しかるべからざる事勿論に候。ましてや近年、上銀を以て渡さるべく候由の事は、新銀共造り出し候ものゝ由行ひたる事に候へば、新銀禁絶せられ候上は、その申行なひ候事、御とり用ひにあらざるべき事も勿論にて候。もし、朝鮮の人参にて数少く候はんには、長崎表にて人参を買とり候はん事、何事かあるべく候はん歟(86)。）薩州(87)より

---

(80) 旧貨の回収が遅れると新貨の発行が遅れる。
(81) 新貨の発行を促進するためにも、出来るだけ旧貨を回収する必要がある。
(82) 然る可からざる。
(83) 朝鮮王国と貿易をおこなっている対馬藩。
　　 対馬藩と朝鮮王国の間で己酉条約が結ばれたのは1609（慶長14）年。対馬藩は、対朝鮮貿易を独占した。
(84) 然る可く。
(85) 人参の輸入に限って、量を減少させて銀の使用を認める。
　　 白石が、薬物の輸入に関しては寛容であったことは、「建議　六」に見える。

も申す旨あるべく候歟。これ又よくよく其事を糺し明められ、その数を減省せられ、御ゆるしもあるべく候はん歟(88)。これ七つ。(朝鮮も琉球も大清国への貢物に仕来り候事故、貢物の数減じ候ては、其国の難儀たる由を申候歟。此事万々に其事なき事に候。すべて諸国より中国への貢物の品は、古より定りたる事共に候。其国よりも出ざる物を以て貢物とし候事はなき事に候。朝鮮、琉球、我国の銀をもとめ候事は、中国と交易の利を求め候ためにて候(89)。しかるを、対州、薩州のものども如レ此(90)に申候事は、彼国のものども欺かれ候歟、又は、対州、薩州のものども、上を欺き申す歟(91)、の間たるべく候。たとひ朝鮮、琉球の難儀の事候へばとて、我国当時の急難にかへらるべき事に候はんや。此理をよくよく仰渡され候におゐては、対州、薩州の領主も、いかでか其理を承届ざることの候べきや。)

(頭書) これらの事は、某年来異国の書どもをもかんがへ置、只今渡り来り候異国人(92)の説をもよくよく承届たる事に候。

長崎におゐて年々唐人共取ゆき候所の銀の数、凡百二十貫目づゝ(93)。

(頭書) 近年以来は、宝永銀にて百六十貫目づゝの定に候歟。まづ大法を以て本文にしるし候。此事につきて心得がたく候は、長崎は異国との交

---

(86) 新銀を発行した者の政策を踏襲する必要はない。対朝鮮貿易政策を変更しても、長崎での対清国貿易で人参を調達することが出来る。
(87) 琉球王国を通じて清国と貿易をおこなっている薩摩藩。
薩摩藩が琉球王国を征服したのは、1609（慶長14）年。
(88) 輸入品の内容を査定し、量を減少させて銀の使用を認める。
(89) 朝貢と貿易とを区別し、朝鮮、琉球の態度を批判する。
(90) 此の如く。
(91) 朝鮮、琉球が対馬、薩摩を欺いているのか、対馬、薩摩が幕府を欺いているのか。
(92) 1711（正徳元）年、白石は、江戸に参府した朝鮮使節を接待した。その折のことを指すか。
(93) 丁銀の輸出。
金・銀貨の流出については、「建議 六」を参照。また、白石の外国貿易に関する認識は、『折たく柴の記』pp. 392-409. を参照。

易の根本にて，わづかにこれほどの銀の数に候処に，対州，薩州は，長崎よりは多く銀を渡され候御事，尤（もっとも）以て不審と申すべく候歟（か）。
　二十箇年の料，二千四百貫目の所は，今の新銀を引わけ候て，大坂の御蔵(94)に納置，年々に長崎へ差遣し，我国の商人共の銀鈔に引かへ候て，唐人へは新銀を渡し，その銀鈔をば焚棄（たき）られ可レ然(95)事に候。これ八つ。（外国に流入候所の銀の数，慶長の初より正保四年に至て，凡（およそ）四十六年の間の事は詳ならず候。正保五年より宝永五年に至て，凡（およそ）六十一年の間に，銀四十万九千二百五十八貫百三十四匁四分八厘七毛余の由に候。これは，長崎奉行所におゐてしられたる所の数にて候。この外，年々に私の商売(96)のために流失候数ははかり知るべからず候。当時，我国に通行し候今の新銀の数と引くらべ候に，流失し候数は，万々倍し候べき歟。これより後も今迄の法のごとくに候はんには，百年を出ずして，我国の財用は，これらがためにとぼしくなり候べき歟。此事を存じ候故に，某先年，長崎表の御政法の事共，議申すこと候ひしかども，その事行なはれずして，前御代は御事終り候(97)。此外，阿蘭陀に流失候金の数も，正保以来，宝永に至て六十一年の間，金凡（およそ）百七十九万七千三百九十一両三分余と相聞え候。これ又，よろしく御沙汰有べき御事に候歟（か）。〇対州，薩州，長崎表の事は，其御沙汰の仕第いまだはかり知られず候へば，只今いかにとも定申がたく候。これらの事につきては，某愚存の次第，すこしく相異し候事も出来るべき事勿論に候へども，まづその大略をこゝにしるし候てさしをき候。）
　銀鈔の事は，造出され候事たやすきものに候へば，もし又，事により候て上御要用のために，まづ鈔を造出され候て，其事を弁じ候べきなど申す人，あるまじきとも申がたく候。たとひいかやうの御事に候とも，鈔の数を増し造られ候事は，尤（もっとも）以て不レ可レ然(98)候。其故は，世に行なわれ候

---

(94)　大坂城の蔵。
(95)　然る可き。
(96)　抜け荷（密貿易）。
(97)　6代将軍家宣の死は，1712（正徳2）年。

鈔の数多くなり候へば，それに引替られ候ほどの上銀の数をも増し造られずしてかなはず候。さほどの上銀造出され難き御事に候へば，必らず後々に至候て，事の難儀出来るべき事に候(99)。これ九つ。

第二条：銅銭による銀鈔の回収

　第二　当地と上方(100)におゐて新銭を鋳出され候て，銀鈔と引替候て，其引替候銀鈔，ことごとく焚棄らるべき事。

　　附　其新銭をわかち候て，新金にも引替られ，その金をば御蔵(101)に納め置るべき事。

　此事の法意は

　　天下におゐて銀鈔を通行し候て，銀を以て通行し候事は厳禁せられず候ては，多くの新銀ども出来る事たやすかるべからず候。然れども銀鈔を行はれ候事の初には，下賤のものゝ類は，銀鈔を通行し候事，其便よろしからず存じ候ものもあるべく候歟。又，火災等の時の事をもうれへ候て，或は金にもかへおき，或は銭にもかへ候はんと仕るものも有べく候はん歟。然らば，必らず銭の価高くなり候て，諸物の価減じかね候事あるべく候(102)。銀鈔を行はれ候はんには，必らず銭を以て其通行をたすけられずしては，かなふべからず候(103)。これ一つ。

　　前にもしるし候ごとくに，元禄以後改造られ候新銀共の数，凡そ七十九万三千八百三貫目は，今も天下に散在し候てある所にて候。これらの新銀

---

(98)　然る可からず。
(99)　銀貨との交換によらない銀鈔の発行は，その銀貨との兌換に困難をもたらす。
　　銀鈔が，兌換率は1未満であっても，あくまでも「兌換」紙幣であることを強調する。
(100)　江戸と上方。
(101)　江戸城と大坂城の蔵。
(102)　売り手の銭を確保しようとする行動によって，諸物の価格が低下しない。
　　前章の注（113）を参照。

ことごとく皆出来り候はんには，上銀に改造られ候事もたやすかるべき事に候。然れども，此等の新銀共を以て上銀に改造られ候には，必ず世に通行し候所の銀の数，減ずべき事勿論に候。然れ共，又，これらの新銀共を以て，上銀に改造られ候御事は，上の御費多く候子細におゐては，天下の人はかりしるべき事に候上は，たとひ上銀の数少く出され候て，多くの銀鈔と引かへられ候(104)とも，異論有まじき事には候へども，同じくは其損失のすくなきやうに御沙汰あるべき事は可_レ然(105)御事に候へば，まず新銭を鋳出され候て，銀鈔十万貫目に引かへられ，其銀鈔を焚棄られ候はんには(106)，上銀造出され候て，銀鈔に引替られ候時のため，尤以て可_レ然(107)御事に候。これ二つ。（此事のしるしは，上銀引かへの条下におゐて詳なるべく候。）

銭を以て銀鈔をとり収られ候事，世の財十万貫目の銀を減ぜられ候ごとくにも候へども，銭を以て銀鈔と引きかへられ候事に候へば，其銭を以ては，当時は金にもかへ，又此後に，上銀造出され候時は，其上銀にもかへ候べき事に候へば，たとひ十万貫目の銀を減じ候とも，それほどの銭はいつ迄も世に通行すべき事に候。しからば，たゞ銭を以て銀にかへ候迄の事にて，世の財用におゐては，その数を減ずべからず候。これ三つ。

銭を鋳出され候事，只今迄の法のごとくに候て，わづかに上納候御運上(108)の銭を以て引きかへ候はんには，多の銀鈔をとり収め候事，かなふべからず候。此度におゐては，上の御物入として鋳出さるべき御事に候へ

---

(103) 銀の果たしている役割を，一部銅銭によって代替させる必要がある。銀鈔の働きを銅銭で補強する。
　　この銅銭の増鋳策は，白石が，銀鈔を含んだ貨幣市場の安定策が必要であることを自覚していたことを意味する。
(104) 銀鈔の額面通りには銀貨に兌換されない。兌換率が１未満となる。
(105) 然る可き。
(106) 銀鈔と銭とを交換し，銀貨との兌換に向かう銀鈔を減らしておく。
(107) 然る可き。
(108) 商工業者等に課された租税。ここでは，鋳銭を請け負った者が納める税。

ば、年々に二三万両づゝばかりも其御費あるべく候はん歟(109)。此事御費たる事勿論に候へども、銀鈔行はれ候て、金と、鈔と、銭との三つ其物場相ならびたち候はゞ、万物の価、近年以来増来り候て、毎事につきて御費の数も増来候事ども皆々相やみ候て、天下の大利終には上に帰すべき御事(110)、前にしるし候ごとくに候へば、さほどの御費候はん事は、物の数にも有べからざる御事に候。これ四つ。

　銭を鋳だされ候御事も、たやすからざる事勿論にて候。然れ共天下の御力を以て、銀十万貫目に引かへ候ほどの銭、十年の間に鋳出され候はん事、かなふまじきにもあらず候へども、銅、鉛、錫等も、年々に其数多く用ひ候はん事(111)、天下通用のために不レ可レ然(112) 事共に候。此故に二十年の間に、銀鈔十万貫目に引かへ候ほどの銭を鋳出され然るべき御事とは存じ候。殊には又、十年を経候て、上銀を出し行はれ候はんにも、其後又、十年の間は、銀鈔をば金銀とならび行はるべき事に候へば(113)、其比(114)にも銭多く候はん事は、天下のために可レ然(115) 故にて候。これ五つ。

　附　上銀造られ候時に及びて、今の新金をも古の法のごとくに改造らるべき御事に候。然らば(116)、其時のため可レ然(117) 事に候へば、年々に鋳出され候新銭四万貫文を以ては、新金一万両づゝ引かへられ、十年を経候

---

(109)　従来のように運上を納めさせる形式ではなく、幕府が費用を負担し、大規模に銅銭を鋳る必要がある。
(110)　貨幣が、銅銭の増鋳のもとで、金、銀鈔、銭と単純化され、金銀銭の比価の変動の複雑さによってもたらされる物価の上昇は収まる。
(111)　銅、鉛、錫を銅銭の鋳造に多く用いること。
(112)　然る可からざる。
(113)　ここでの叙述からも、白石が、改鋳を10年・20年というスパンで語るべき事業であると考えていたことが分かる。
(114)　ために。
(115)　然る可き。
(116)　以下、金貨の改鋳のための金の蓄積について述べられている。
(117)　然る可き。

て，新金凡(およそ)十万両をば御蔵に納め置るべき御事に候歟(か)。(此事の子細は，金法を改らるべき条下に詳にしるし候へば，こゝには大略をしるし候。)

此法を行はれ候仕第

銭を鋳出し候所，当地と上方(118)と両所にて鋳出し候て可レ然(119)候事にて，銀鈔十万貫目に引替候べき銭は，凡(およそ)六百六十六万六千六百六十六貫文余の数にて候。一年の間に，三十三万三千三百三十三貫文余を鋳出さず候ては，二十年の間には六百六十余万貫文の銭鋳出し候事かなふべからず候(120)。(此比(ころ)迄当地にて銭を鋳事，其銭軽く薄く候だに，一年の間に十七万貫文ならでは鋳出さず候き。)其上又，当地ばかりにおゐて多くの銭鋳だし候はんとし候はば，米塩炭薪油漆等の価をも増し候(121)，それにつれ候ては，諸物の価も減じかね候はん歟(か)。然らば寛永の例(122)に准じ，当地と上方と両所におゐて鋳出され候事，可レ然(123)御事に候。(寛永の時は，当地と江州(124)坂本と両所にて鋳出し候き。)これ一つ。

銭を鋳出し候ものは，町人共の中にて或数代御用(125)をも承り，或数代

---

(118)　江戸と上方。
(119)　然る可く。
(120)　計算は，
　　　$100{,}000 \times 4{,}000 \div 60 = 6{,}666{,}667$。
なお，次のような簡単な公式が成り立つ。
金x両を，公定レートで銭に直せば$4x$貫文になり，銀y貫を，銭に直せば，約$66.67y$貫文（$=4{,}000 \div 60$）になる。また，銭z貫文を公定レートで金に直せば，$z/4$両になり，銀に直せば，$0.015z$貫（$=60 \div 4{,}000$）になる。
(121)　江戸でのみ銭を鋳造すれば，そのための需要によって諸財への需要が増大し，江戸の物価が低下しない。
ここで，白石は，鋳銭による所得の増大が，米・油・漆等，鋳銭とは直接に関係ない諸財への需要をも増すことにも注目する。
(122)　寛永通宝の鋳造の例。
(123)　然る可く。
(124)　近江国。
(125)　幕府の仕事を請け負うこと。

御目見(126)をも仕候ものゝ中を撰ばるべき御事に候。これらの類もとより利を謀り候事，よのつねの事に候へども，数代御用をも承り，御目見をも仕候など申すもの共は，各其子孫のためをも存じ候事に候へば，さのみうしろぐらき事はあるべからず候。殊には又，たとひ町人共に候とも，数代御用をも承り，御目見をも仕候故によりて，如レ此(127)の事をも被二仰付一(128)候と申す御事は，国体(129)におゐても可レ然(130)御事にて，これまた天下の人の心の信じ服し奉り候一端たるべく候歟(か)。これ二つ。(寛文の時，文字銭をば呉服師(131)六人の者共に，御すくひの為とて被二仰付一(132)候き(133)。其鋳出し候銭の事，其品すぐれたるものに候歟(か)。然らば其人を撰ばるべき御事，勿論にて候。むかし以来，銭は久しく世に伝り候物にて候処に，近き比(ころ)などのごとくにしてはいかゞしき(134)御事に候。当地にては，町年寄などの類歟(か)，又は寛文の時の例のごとく，呉服師どもにても候べき歟(か)。上方にては伏見の町年寄共など可レ然(135)御事候。伏見の事は，東照宮御座城(136)の下にて，其比(ころ)は繁昌ならびなく候処に，今は事の外にをとろへ候て，京，大坂に及ばず候事は申すに及ばず，奈良，堺にも及びがたく候。せめてこれらの事も候はゞ，其所のにぎはひ候事も出来るべく候(137)歟(か)。)

---

(126) 　将軍にお目通りすること。
(127) 　此の如き。
(128) 　仰せ付けられ。
(129) 　国柄。
(130) 　然る可き。
(131) 　御用商人の呉服商。「鎖国」以前の貿易商に，呉服商に転換した者達がいた。
(132) 　仰せ付けられ。
(133) 　近頃。
(134) 　よからぬ。
(135) 　然る可き。
(136) 　将軍職に就いた家康は，2代将軍秀忠に将軍職を継がせるまで，江戸・伏見に交互に滞在した。

前にもしるし候ごとく，此度銭を鋳られ候事は，むかし本朝鋳銭司[138]にて銭を鋳られ候事のごとくに，銅，錫，鉛等は，上より下し置れず候はでは，不可然[139]候。（新銀十万貫目に引かへ候べき料と，其外に新金十万両にかへ候べき料と，彼是を合せ候はゞ，銭凡(およそ)七百六万六千余貫文[140]たるべく候。其料の銅五百八十余万貫目，錫三十五万余貫目，鉛八十四万余貫目ばかりを用ゆべき事に候歟(か)。これ二十年の間に用ひ候惣数にて候。）しからば，銭を鋳候事を承候町人共，させる利得もあるまじく候へば，金座銀座の雑用の例に准じ，たとへば百銭につきて四銭づゝの積りを以て，私の物入[141]にて銭鋳出し候事をゆるされ候とも，又一貫文につきて百文づゝの積りを以て，私の物入にて銭鋳出し候事をゆるされ候とも，いづれの道にも此者共，少しく其利得候やうの事は，よろしく御僉議(せんぎ)の上に御沙汰有べき御事に候[142]。これ三つ。

　たとひ世に通行し候銭の惣場には高下候とも，銀鈔に引かへられ候所は，六十匁に四貫文の御定にたがふ事有べからず候。もし此等の事に就て，わづかも上の御ために其利をもとめ候はゞ，金一両に銀六十匁，銭は四貫文の御定，上よりやぶられ候やうに候て，必ず後々又，金銀の惣場を定る事あるべからず候[143]。これ四つ。（もし銭の惣場やすくなり候て，金一

- (137) 衰退した伏見の復興策として，鋳銭の立地を提起している。
- (138) じゅせんし。令制で，貨幣鋳造に際して諸国におかれた宮司。
- (139) 然る可からず。
- (140) 計算は，
　　　　$100{,}000 \times 4{,}000 \div 60 = 6{,}666{,}667$
　　　　$100{,}000 \times 4 = 400{,}000$。
　　　以上，両者の和で，
　　　706万6,000余。
- (141) 費用の負担。
- (142) 銭を鋳る技術を知っている者らが，十分な利益を得られるようはからうべきである。
- (143) 金銀銭の公定レートを適正に設定することが出来なくなる。

両に四貫文にかへがたき事も候時は，其時に応じ，銭高くなり候を待候て，引かへ候様にあるべき事，勿論に候(144)。)

　銭にてかへらえ候て，とり収められ候所の銀鈔をば，ことごとく皆焚(たき)棄らるべき御事に候。もし其鈔をも重ねて通行し候やうにては，銭を以て銀鈔の数を減じ候本意もむなしくなり候て，上銀を以て銀鈔に引かへられ候時の難儀，出来るべき事に候。これ五つ。

　銭を以て新金に引かへられ候事，凡(およそ)一年に新金一万両づゝ（此銭四万貫文），十年の間新金十万両に引替らるべき事に候。十年の後に新金に引替られ候料の銭をば鋳出すに及ぶべからず候。これ六つ。(此の事上金を造らるべき条の下に詳なり。初め十年の間は，一年に鋳出し候所の銭，三十七万三千三百三十三貫三百三十二文づゝ。此の内，四万貫文は新金に引きかへ候所にて，其余は皆々銀鈔五千貫に引かへ候所にて候。当地，上方両所にて鋳出し候へば，一所にて凡(およそ)一年に十八万六千六百六十六貫六百六十六文づゝ鋳候積りにて候。後十年の間は，一年に鋳出し候所の銭の数，三十三万三千三百三十三貫三百三十二文，これ皆銀鈔五千貫目に引かへ候所にて候(145)。当地，上方両所にて鋳出し候へば，一所にて鋳出し候数，凡(およそ)一年には，十六万六千六百六十六貫六百六十二文づゝ，にて候歟(か)。○寛文の時，銭を鋳候時，凡(およそ)一年に十二万三千七百二十五貫文づゝ，十六年の間に，銭凡(およそ)百九十七万貫文を鋳出し候。初十五年の間は呉服師共の徳分，金二万三千九百五十両余候ひしに，後一年の間には，二百二十四両余の損金候故に，銭鋳出し候事を辞退し候き。これは世に銭多くなり候て，銭の

---

(144)　銅銭の価格が高くなったときを見計らって，銅銭を金貨に替えるべきである。
　　　ここで，白石が，貨幣相場の変動に適応すべきことを述べているのは興味深い。
(145)　計算は，初10年は，
　　　　186,666.666×2−40,000＝333,333.332
　　　　333,333.332÷66.67＝4,999.7。
　　　後10年は，
　　　　333,333.332÷66.67＝4,999.7。

価やすくなり候て、其利をうしなひ候故にて候。百九十七万貫文の数にて、すでに世に通行し候数多くなり、価安くなり候上は、今度銭を鋳られ候とも、初十年の間にも其数多くなり候て、其価を減じ[146]、金一両に四貫文の惣場たちがたくもあるべく候歟。但し寛文の時は金銀の法むかしのごとくにて、天下の通行なにの滞候事もなく、呉服師ども御すくひのためとて、銭鋳出され候ひしかば、銭二百万貫文に及び候て、其価をも減じ候き。今度におゐては、今の新銀造出し候より、世の人専ら銭を用ひ候て、銭の価も高くなり来り、殊には銭を以て銀鈔をとり収められ候事にて候へば、世の人銭を通行し候事をこのみ候事あるべく候歟[147]。しからば、寛文の時の事に比しがたき所あるべき事に候。しかれども、又、銭を鋳出し候事十年の後、銭の数多きに過ぎ候て、通行しがたき事も出来候はんには[148]、其時又、よろしく御沙汰あるべき事にて候。まづ、此法はその大略を論ずる所にて候。あながちに、これらの小数にかゝはるべき事にてはなく候事、勿論にて候。もし又、金銀等出来り候山々も開け候歟、又、年々に出来り候焼金、灰吹等の数も多くなり候には、此等の事論ずるにもたるべからず候。）

第三条：鉱山の開発

第三　金銀銅を生じ出し候山々の事を尋究られ、并（あわせて）諸国私領[149]の銀山より出来り候灰吹銀共の事、古法のごとくに、私に商売し候事を厳に禁絶あるべき事。

　此事の法意は

　　慶長の初、天下一統に帰し候後、大久保石見守[150]（此時には十兵衛と

---

(146)　銅銭の供給量が増すことで、その価格が低下する。
(147)　銅銭への需要が高まったもとで、銀鈔と銅銭を交換するのであるから、銀鈔・銅銭の公定レートを維持することに役立つ。
(148)　銅銭の量が過多になり、その流通が滞る。
(149)　幕領以外の大名等の領地。

申し候。）議申す旨に依られ，金山の事を仰蒙り，金堀共を召集め，諸国山々の事をたづねきはめ候て，同七年，佐渡国の銀山，石見国の金山をひらき，同十一年，伊豆国の金銀山を開き，同十四年，相模国の金山を開き(151)，（すなはち，土肥の山也。此所は大久保相模守領地のうちなり。）此等の所々皆々石見守奉行して，年々にみづから巡検し候ひしかば，多くの金銀を採得候き。これより後は，如_レ_此(152)の事を承り候御役(153)もなく，ただ山々より出来り候まゝにて候へば，漸々に山深くなり候て，採候事たやすからず候由にて，年々に出来候数を減じ候へども，其事の実否も明かならず。まして，私領の山々は，其領主の沙汰に打任せられ候御事に候へば，（むかしは私領といへども，御役人をして沙汰せられ候歟。前に注し土肥の金山の事，其證とすべき事にて候。）或は金銀銅出づべきなど申す山も新たに開き候に及ばず候。惣じて金銀銅の生じ候山を開き候事はこのみ候はぬ事の由，申伝へ候へども，天下の大難をすくはるべき御ために候へば，今の時におゐては，尤（もっとも）以て以て可_レ_然(154)御事に候。（慶長の初，天下の山を開かれ候御事，此證とすべき事に候。）しかれば，慶長の例のごとくに此事を承り候人を定置れ，諸国山々の金堀共の中，其事に鍛錬し候ものどもを召し集め，まづ御料の山々より出来り候所，近年以来其数減じ候いはれをたづね問ひ，或は巡検の御使をも差遣され候て，其事の実否をも糺し明められ，次に，御領の事は申すに及ばず，私領の山々にても，出来るべき由申す所候におゐては，御領の地は巡検の御使を差遣され，事

---

(150) 大久保長安（1545〜1613年）。家康の鉱山開発政策を実行したが，死後，不正があったとして，遺子達が切腹に処せられた。

(151) 以上，慶長7，11，14年は，それぞれ，1602，1606，1609年。

(152) 此の如く。

(153) 各地の金銀山の開発を総括する役目。
　　以下，白石は，幕府の主導による鉱山の開発を提唱する。この幕府主導による鉱山開発策は，幕府による外国貿易の管理の強化策と対をなしている。

(154) 然る可き。

の実否を糺し明らめられ，私領の地は其領主よりほり試み候やうに申達し，もし金堀の力にて及がたきことも候はんには，よろしく其沙汰も有べき事に候。只今迄のごとくに山かせぎし候もの共[155]に打任せ置き候はんには，これより後，金銀銅の出来り候はん事，心得がたき事に候。これ一つ。（佐渡の国にも銅をほり出し候へ共，こなし[156]候事かなひがたく候由にて，そのまゝに打ちすて置候物ども候歟。また下野国の銅山も，水出土崩れ候由にて，度々に御金を借され候へども，其御金共をば当地の人に借し置，その利をむさぼり候て，山の事をばはかばかしく修補なども仕らず候由，申ふらし候。かくのごとくに，山かせぎし候など申すものどもの申す旨にばかり打任せ置かれ候て，しどけなき[157]事どもにて，金銀銅年々にその数を減じ候と申す事は，尤以て心得がたき事共に候歟。又，金銀銅の出候事，一旦は其地のにぎはひにもなり候へ共，多くの雑人入込候て，其風俗をやぶり候事ども候へば，すべて領主のこのみ候はぬ事に候[158]故，金堀共望申し候へども，とり候事をゆるし候はぬ[159]所々も候。又，真実は生じ出づべからず候へども，世の人を欺き，物をとり候はんとて，金銀多く候など，金堀共の申しふらし候[160]所々も候由，相聞え候。これらの間は，此事を承り候奉行人なく候ては，事の実否糺し明めがたき事共に候[161]。世に申ふらし候事共，余所ながらに聞過し候はんよりは，たしかに金堀共を召集め，たづねきはめ候はゞ，其事の実否は明かならざる事も有まじく候。大和国には，或は金山とも申し，或は銅山とも申候て，事のさまたげ

---

(155) 私の鉱山師。
(156) 精錬する。
(157) 秩序がなく雑然としている。
(158) 鉱山が開発されると，一時のにぎわいは増すものの，よそ者が入り込みその地の風俗が乱れることを領主は嫌う。
(159) 鉱山の採掘を許さない。
(160) 鉱山があると偽り金品を騙る。
(161) 鉱山の開発にともなう問題を取り扱う奉行が必要である。

なくほり入るべき所も候,など申す事も候歟[162]。まづ,これらの所々よくよくたづねきはめらるべき御事にて候。たとひ金銀は出来らず候とも,銅出来り候山ひらけ候とも,当時の御ためには尤以て可_然[163] 御事に候へば,よろしく御沙汰有べく候歟。)

　上銀を作られ候には,灰吹銀なくしてはかなふべからざる事勿論に候。然るに近年以来,佐渡,但馬,石見,摂津等の国々御料の銀山より出来り候灰吹銀,漸々に其数を減じ,摂州多田の銀山よりは,出来る事もなく候歟。此他私領の国々,陸奥,出羽,加賀,越前,信濃,対馬等より出来り候灰吹銀も,漸々に其数減じ,彼是合て一年の間に出来り候所三千貫目ばかりの由相聞候。此事の子細を承候に,山々より出来候所の数減じ候と申すばかりにもなく,売出し候銀の数減じ候事は,謂ある事も候歟。古来より私領の山々より出候所は,地灰吹と称し候て,皆々銀座のものに売渡し,銀座の者共,其灰吹を以て銀を造出し,其運上として,年々に一万枚づゝの銀を上納し来りたる事にて候き。元禄以来,新銀共造出され候にしたがひ,次第に地灰吹の数減じ候て,宝永三年[164],銀座に買収候地灰吹の銀,千三十九貫八百五十一匁に過ず候故に,同四年七月の始,銀座のもの一人大坂に行むかひ,長崎表に載送り候灰吹銀共をしとゞめ候ひしかば,わづかに三箇月の間に買収候所,千二百七十四貫七百六匁に至り候き。同五年,又大坂に行向ひ,正月より六月迄の間に銀座に買収候所,千六百四十六貫三百五十九匁に及び候ひしに,いかなる故に候か,新銀の事奉行し候人[165]より,銀座のもの召返し候ひしかば,毎年七月より九月迄の間を以て,諸国商人の長崎におもむき候時の最中とし候へども,打ちすてゝ罷返

---

(162) 大和国には,金山とも言い銅山とも言うが,まだ容易に採掘できる鉱山がある,とも言う。
(163) 然る可き。
(164) 1706年。以下,1707, 1708, 1709年。
(165) 荻原重秀を批判するもとで,長崎からの灰吹き銀の外国への流出の実態を伝えている。

候に，其後灰吹銀出来るに及ばず，同六年一年の間に，銀座に買取候所，又，わづかに千十六貫四百七十一匁に過ず候ひし。それより後は，年々に出来り候灰吹銀の数仕第に減じ候由相聞候。当年(166)の春，唐船共帰候時に，我国の船三艘其跡を慕ゆき候を，長崎奉行所遠見の船追かけ候ひしかば，陸にのりよせにげうせ候て，其人は捕得ず候ひしかども，一艘に銀共十五六貫目づゝ候ひしをば，奉行所にとり収候(167)由も相聞候。然らば，年々に長崎表ぬけ荷商売の料，皆々此等の物と見え候処に，此事の禁を厳にせられず候事，尤(もっとも)以て不_レ可_レ然(168)御事に候。（此事は，宝永の時のごとくに，銀座に仰付られずしてはかなふべからず候。公儀よりの御沙汰一筋にては，必らず事行はるべからず候(169)。さて，其上に事やぶれ，公儀に相聞え候におゐては，罪科に行はるべきは勿論に候。）これ二つ。

　我国の灰吹銀，慶長の古銀，元禄銀等，外国に流入候事，長崎表私の商売の事により候と申すばかりにてもなく候歟。対州，薩州より年々に朝鮮，琉球等の国々に流入候事も，其数はかりがたく候(170)。両国の領主によろしく事の利害を仰聞され候て，其御沙汰あるべき御事に候。これ三つ。

此事を行ひ候仕第は

　古来，灰吹銀，銀座におゐて買収候法，凡(およそ)灰吹の銀一貫目は銀一貫百目づゝの定に候(171)所に，元禄以来銀の品下り候に随ひ，次第に其価を増し候て，今の新銀造出し候に及び，新銀一貫七八百匁を以て灰吹銀一貫目を買求候にも，出来り難く(172)相聞候。新銀の品甚だ下り候事は勿論に候

---

(166) 1713（正徳3）年。
(167) 抜け荷とその取り締まりの実態を，簡潔に生き生きと伝え，取り締まりの強化を提言する。
(168) 然る可からざる。
(169) 銀を買い集め，その外国への流出を防ぐことは，行政命令に頼ってなし得ることではない。銀座の町人の方が巧みになし得る。
(170) 対馬藩の対朝鮮貿易，薩摩藩の対琉球貿易は幕府公認のものであったが，そこに密貿易的要素が入り込んでいた。
(171) 灰吹き法による銀は，銀貨より純度が高かったことによる。

へども，銀座より外に灰吹売渡すべき所なく候はんには，かほど迄に其価を増し候べき事にあらず候。これを以ても，私に商売し候事の利潤ある事の證は分明に候歟。これより後は，慶長の法のごとくに上銀を造らるべき御事に候はゞ，毎事古来の定法のごとくに御沙汰あるべき御事に候。然らば，灰吹銀の法も古来のごとく，一貫目を以て銀鈔一貫百目に売渡し候様に，厳に其禁をたてらるべき御事に候(173)。もし古来とちがひ候て，山かたの物入等も有し此(174)事分明に候はんには，古法よりは少しく其価を増し候て，定められ候御事も有べく候はん歟(175)。これ一つ。

諸国私領の山々より出来り候灰吹銀共，上に召上られ候はんには，田舎より買い出し候ものども，御役所へことはり候，差上候，など申す事共に段々に日を経候ては，其物入も多くなり来り，其上又，私に売渡し候には，其価もよく買とるべき事に候へば，必らず此法たちがたくあるべき事に候。たゞ古来よりの御定のごとく，銀座に売渡し候て，後證のために其證文を取かはし置候べき由を，御沙汰可し然(176)御事に候(177)。これ二つ。

---

(172) 灰吹き法の銀の純度を100％として，四宝字銀の純度は20％である。そうすると，1対2以下という交換比率は，銀貨には，単に銀としての価値に還元出来ない価値，すなわち，幕府による法定貨幣であることによる価値が，大きく存在していたことになる。第5章「補遺Ⅱ」を参照。

従来は，銀座は，「灰吹の銀一貫目は銀一貫百目づゝ」で買い入れていたのであるから，銀貨の価値と銀の価値とは大きくは乖離していなかった。慶長銀1貫100匁には，880匁の灰吹き銀が含まれているのである。したがって，元禄以来の悪鋳の過程は，銀貨の価値と銀の価値とを大幅に乖離させていく過程であったことが，銀座の行動によっても示されていることになる。

(173) 銀鈔の発行を機に，銀貨の貨幣としての価値の膨張を反転させ，貨幣としての価値と銀の価値の乖離を縮小させていくべきである。

そのことは，銀貨の発行数量の安定につながるとの含意がある。

(174) 此れ有る。

(175) 灰吹き銀の生産費が上昇したことが明らかなら，そのことを斟酌すべきである。

(176) 然る可き。

(177) 私領から産出した銀は，銀座が一括して買い上げること。

銀座にて買取候灰吹銀ども、一年限に上納し候て、其価をば銀鈔を以て被_レ_下(178)候とも、又は御金にて被_レ_下(179)候とも、御金と銀鈔とを雑へ下され候とも、これらの間は上の御費も多からず、銀座の輩其利をうしなひ候はぬやうに、よろしく御沙汰有べき御事にて、もし銀座の輩損失出来候はんには、必らず又、灰吹銀出来り候事滞る所あるべく候歟(180)。これ三つ。

第四条：銀貨の選別と灰吹銀の製造

　第四　銀鈔に引かへ候所の銀共を撰び、わづかも灰吹多入候銀共をば、まづ其ま丶にさしおき、其外の新銀共は其灰吹と銅とを吹わけらるべき事。

　此事の法意は

　　灰吹の銀料多き新銀には増加候灰吹もわづかにして、上銀の数も多く出来るべく候。たとへば古銀十貫目には、灰吹銀八貫目と銅二貫目を雑造られ候。元禄銀には、灰吹銀六貫四百目と銅三貫六百目を雑造られ候。然れば元禄銀を以て古銀のごとくに改造られ候には、元禄銀十貫目に灰吹八貫目を増加候へば、上銀十八貫目出来るべく候(181)。（増加候灰吹銀八貫目の内、一貫六百目は、もとより有来り候所の灰吹六貫四百目と銅二貫目とに配合し候て、上銀十貫目となし候て、其外六貫四百目の灰吹をば、もとより有来り候所の銅一貫六百目に配合し候て、上銀八貫目となし候故に、上銀の数すべて十八貫目は出来るべく候。）又、今の新銀には、灰吹銀二貫目と銅八貫目を雑造り候へば、此銀を以て上銀に改造られ候には、新銀十貫目に灰吹の銀三十八貫目を増加、銅二貫目を足し候て、上銀五十貫目

---

(178)　下され。

(179)　前注に同じ。

(180)　灰吹き銀の買い取り手段は任意のものとして、銀座に損失が出ないように計らうこと。

(181)　計算は、

　　　$(10 \times 0.64 + 8) \div 18 = 0.8$。

出来る事に候⁽¹⁸²⁾。(此増加候灰吹三十八貫目の内，六貫目は，もとより有来候所の灰吹二貫目と配合し，銅二貫目をくはえ候て，上銀十貫目となし候て，其外三十二貫目の灰吹は，もとより有来候所の銅八貫目に配合し候て，上銀四十貫目となし候故に，上銀の数すべて五十貫目は出来るべく候。)然れば，今の新銀十貫目に用ゆべきほどの灰吹を以て，元禄銀四十七貫五百匁に用ひ候へば，上銀凡八十五貫五百匁出来るべき事に候へば⁽¹⁸³⁾，わづかも灰吹銀多く入候新銀共をば撰出し候て，上銀に改造らるべき料とし，今の新銀を始て三宝字銀等の灰吹銀と銅とを吹わけ候て，其灰吹銀をば上銀を造候時に増加べき料とし，其銅を以ては新銭鋳出し候たすけともなすべく候⁽¹⁸⁴⁾。これ一つ。(これらの事の撰びなく候ては，大きにその差ひ出来るべき事に候。よくよく其心得有べく候歟。)

新銀共吹わけ候べき料の鉛の数だに多候はゞ，其功すみやかに事成るべく候。(大坂吹屋の法を用ひ候はば，新銀を吹わけ候料の鉛は新銀百貫目に，鉛凡四十貫目を用ゆべき事に候歟。又，其鉛一度用ひ候てすたり候事にもなき由にて候。たとひ一度づつ用ひ候て，二度用ひがたく候とも，凡鉛の数，二十万八千二百九貫目余ほどにては，新銀，三宝字等の銀の灰吹を吹わけ候料は，事たるべき事に候。此外新銭の料の鉛，八十四万七千余貫目，彼是合せて鉛の数の事，百五万六千百九貫目ばかりをも用ゆべく候

---

(182) 計算は，

$(10 \times 0.2 + 38) \div (10 + 38 + 2) = 0.8$。

簡単には，x貫目の四宝字銀と50−x貫目の灰吹き銀で，50貫目の上銀を作るには，

$0.2x + (50 - x) = 50 \times 0.8$

で，$x = 12.5$。四宝字銀12.5貫目，灰吹き銀37.5貫目が必要。

以上で，白石が，方程式を用いるのではない計算方法を採っていたことが分かる。

(183) 計算は，

$38 + (47.5 \times 0.64) = 68.4$

$68.4 \div 0.8 = 85.5$。

(184) 旧銀中の灰吹き銀を銀貨の品位の改善に用いるとともに，吹き分けた銅によって銅銭を鋳造する一助とする。

歟(185)。）某愚存の所は、鉛の事におゐては、諸大名へ仰下され候て、軍用のために貯置候所の鉛(186)を、或は其三分の一、或は其五分の一、多少にかかはらず大坂へ廻し候て、便よろしきは大坂へ廻し当地へ廻し候て、便よろしきは当地へ廻し候て、上銀造出され候料をたすけ候やうに仰出され候はゞ、たち所に新銀吹わけ、新銭鋳出し候ほどの鉛は出来候べき事に候。此事は、金銀を役(187)にかけられ候など申すには事ちがひて、日用の物にあらざる所を以て、天下のために財用の事を相たすけ候事に候へば(188)、当時におゐても、後代におゐても、非議し申す所は有べからず候。これ二つ。（此事仰出され候とも、買もとめ候て出し候事をば、よくよく御制止有べく候御事に候。買もとめ候事にては、其価を増し候て、尤以て不可然(189)事に候。世に申沙汰し候にも、或は井に通じ候水道の樋に作りふせをき候も、或は庭をゆき候踏石に作りをきしも、あるよしにて候へば(190)、百余年の間うごきなく、その地を領し候家々には、その貯すくなかるべからざる事共にて候。）

　もし又、大名より鉛の事めされず候はゞ、此事に就ても御費の事どもは有べく候へども、其御費をいとはるべからず候いはれは、既に前にしるし候へば、申すに及ばず候。これ三つ。

此事を行はるべき仕第は

　当地、大坂にて銀鈔に引替候新銀共、銀座の者共に仰付られ、元禄銀、宝永銀、中銀、三宝字銀、今の新銀等をことごとくに撰びわかち、今の新銀并(あわせて)三宝字銀の内をわかち候て、当地と大坂と両所にて、其灰吹と銅と

---

(185)　計算は、
　　208,209 + 847,000 = 1,055,209。
(186)　鉄砲・大砲の弾のための鉛。
(187)　幕府から賦課される物品。
(188)　軍事物資を転じて経済の安定的な運営に役立てる。
(189)　然る可からざる。
(190)　２つとも鉛の利用方法に窮して、無駄に用いている例。

を吹わけらるべく候。これ一つ。

　灰吹と銅とを吹わけ候事，大坂吹屋の者共に可_被=仰付_(191)候。銀座の者共の申す所は，以(もって)の外に(192)鉛多く入候事に候へば，吹屋におゐて銅の中より銀を採り候法のごとくに可_被=仰付_可_然(193)御事に候。これ二つ。

　灰吹と銅とを吹わけ候事には，しかるべき奉行人被=仰付_(194)候はずしてはかなふべからず候。事の体(てい)(195)により，銀座吹屋のものどもの間にて，必ず異論出来るべき事に候。其故は，今の新銀十貫目に灰吹二貫目入候由申候へども，吹わけ候時に至ては，灰吹銀二貫目迄は出来らざる事もはかり難く候。然らば又，吹屋のものども吹わけ候事を辞退し候事も出来るべき事に候。然れば，御勘定方(196)，御歩行目付(197)の類(たぐい)たちあひ候て，たとへば銀座のものども，此新銀十貫目の内には灰吹銀二貫目候と申候上に，吹屋のものども一々にあらため請取候て，灰吹，銅吹わけに及びて，いかほどづゝ出来り候と申す時に引合せ引合せ，帳面にしるし置き候て(198)，新銀或は百貫目にて引ならし候歟。或は千貫目にて引ならし候て過不足も候歟(か)(199)。又は，過不足もなく候歟。委細に糺し明らめ候やうに有べきことに候。これ三つ。（前にもしるし候ごとく，今の新銀は火急

---

(191)　仰せ付けらる可く。
(192)　思いの他に。
(193)　仰せ付けらる可く，然る可き。
(194)　仰せ付けられ。
(195)　事態の様子。
(196)　幕府の財政を取り扱う役。
(197)　軽輩の幕臣を取り締まる役。
(198)　実際の吹き分けの結果を記録する。
(199)　四宝字銀の品位は一定していないので，ばらつきを排除するために，吹き分けの結果は100貫目・1,000貫目という単位で集計する。
　　　結果を大きな単位で集計し，それに含まれたばらつきの影響を受けないようにする，ということ。白石の統計学的感覚を示す叙述。

に造出し候故に，灰吹と銅とよく融和し候はぬ事に候へば，銀により候て，或は灰吹多きも，或は銅ばかりなるも候⁽²⁰⁰⁾由，申沙汰し候。しからば，五貫目，十貫目の内を以て試候はゞ，必ず灰吹の料に過不足あるべき事に候。これにより候て，百貫目か千貫目を限り候てならし候て，灰吹と銅との分量をたゞし可レ然⁽²⁰¹⁾事とは存候。）

　灰吹出来り候事，法のごとくに候はんには勿論の事にて候。(新銀十貫目に，灰吹銀は二貫目づゝの定法のごとくの事に候。) もし不足も出来候におゐては，不足し候ほどの灰吹は，銀座の輩上納仕るべき事は，又，勿論の事に候。もし又，銀座の輩吹べりたつ⁽²⁰²⁾べき事の由を訴申すに於ては，吹屋共の申す旨をもたづねきはめられ候て，吹べりたつべきいはれも候て，其理分明に候はんには，其吹べりの法をもたてられ候て，其法よりも猶又，吹べり候はんには，これ又，銀座の輩より其不足の所をば上納すべき事に候。これ四つ。(荒銅⁽²⁰³⁾の中よりだに，灰吹を吹とり候ほどの事に候上は，新銀の中に候灰吹を吹わけ候に，吹べりあるべきいはれはなき事勿論に候。しかれども，今の新銀の事心得がたく⁽²⁰⁴⁾候へば，必ず十貫目に二貫目づゝの灰吹候はんとは申難く候故は，此条をばしるし置候事に候。）

　鉛炭⁽²⁰⁵⁾等は上より出され，吹手間⁽²⁰⁶⁾の事は可レ被レ下⁽²⁰⁷⁾御事に候。これらの御費の事共前にもしるし候ごとくに候へば，論ずるに及ばず候。これ五つ。(吹手間の事は，或は吹ぬき候銅を以てよろしく其価を定められ，

---

(200)　銀の品位が一定していない。
(201)　然る可き。
(202)　灰吹き銀を精錬する過程で目減りが生じる。
(203)　銀をまじえた粗銅。
(204)　四宝字銀のことは，はっきりしないので。
(205)　ともに灰吹き法のために必要な物資。
(206)　手間代。
(207)　下さる可き。

吹屋共に被レ下(208)候法(209)もあるべく候歟。或は長崎表の商売の事につきて御ゆるし候分量などを以ても，事済むべく候はん歟(210)。これらの間はよろしく御僉議の上，御費をはぶかれ候なされかたもあるべく候歟。いづれの道にも，吹屋の者共は御目見をも被_仰付_(211)，その志をはげまし候やうの御沙汰は有べき御事に候。

　吹わけ候灰吹の事，当地にて吹わけ候は当地の御蔵に納め，大坂にて吹わけ候は大坂の御蔵に納め置かれ，後々，当地にて上銀造候時は御蔵より出され，京にて上銀造候時には，大坂御蔵より出さるべき御事に候。大坂にて吹わけ候を，当地へ運送し候事は，路次の御費(212)等，尤以て不レ可レ然(213)御事に候。これ六つ。

第五条：上銀の製造

　第五　当地，京都におゐて上銀を造らせ，年々に出来候所を以て，当地，大坂の御蔵に納め置かるべき事。

　　此事の法意は

　　　寛文の比迄も，銀法の事，必らず老中よりの證文を以て御下知候き。国家の至宝の一つに候上は，如_此_(214)なるべき御事に候。然るに，元禄以来は，御勘定奉行連署の證文を出され候事になり候て，其後度々に改造られ候時は，其事を承り候奉行一人の證文を以て下知し候歟(215)。尤以て不レ可レ然(216)御事に候。此後もし，上銀を改造らるべく候はんには，ま

---

(208)　下され。
(209)　銀を吹き分けた銅で手間代を支払う方法。
(210)　長崎貿易の輸出品として銅を分与する方法。
　　　銅の輸出に関しては，「建議　六」を参照。
(211)　仰せ付けられ。
(212)　輸送費。
(213)　然る可からざる。
(214)　此の如く。
(215)　荻原重秀による独断専行がおこなわれるようになったこと。

づこれらの法より始て，古来のごとくに改られ候はでは，かなふべからざ
る御事に候。これ一つ。
　　上銀を造らるべきには，今の新銀を造られ候ごとくに，しかるべき御役
人多く撰定られ，其事を奉行せしめ，世の人疑惑候心なく信服し候やうの
御はからひも，尤(もっとも)以て可_然(217)御事に候。これ二つ。
　　国家の至宝は天下と同じく宝とせらるべき御事(218)に候へば，如_此(219)
の法を行はれ候御事は，下の心も悦び服し候やうに有べき事，勿論に候。
然るに，元禄以来度々の新銀を造出され候時，下の心疑惑候て，信服し候
事なく候故に，新銀出候度々に其法を非議し申す事のみにて，其通行もた
やすからず，終に天下の大難をば招き致され候き。其中，世の人銀座の輩
を怨み憎み候事，仇敵のごとくに候事にも，彼輩私のはからひとして，新
銀ども造出し候やうに申なし候は，其謂なき事に候。当時，其事を奉行し
候人(220)候て，其下知に任せ候て造出し候事に候へば，此事におゐては其
罪にはあらず候。慶長の始は，銀座四人に定置れ候所に，近年に及びこれ
も奉行のはからひとして，其人数を増し候て，七人迄になされ，銀を造候
雑用銀(221)など申すもの，おびたゞしくわかちとらせ候へば，此事にあづ
かり候ほどのものども多くなり候て，其家も富み栄え，過分の事をなし行
ひ候ひし事共(222)につきては，世の人申沙汰し候所，其謂なきにはあらず
候。しかれば，此後，上銀改造らるべきにおゐては，まづ銀座の輩の中，
其人を精しく撰ばれ，よからぬもの共をば除かれ候て，其人数をも古法の
ごとくに改定られ，銀造り候雑用銀の法をも古来のごとくに改められ候は

(216)　然る可からざる。
(217)　然る可き。
(218)　貨幣の問題は，幕府・民間に共通した重大事である。
(219)　此の如き。
(220)　荻原重秀。
(221)　銀座が銀貨を鋳造したときの報酬。
(222)　銀座の者達は，「昼夜淫楽シ奢侈増長」(『三貨図彙』p. 577.)したとされる。

んには，彼等がためにもよろしく，世の人の心も悦び服し候べき事に候。これ三つ。(むかしは銀座雑用銀の法三分の御定にて，銀百貫目を造出し候へば，銀三貫目をわかち被レ下(223)候き。元禄の時四分に改り，宝永の時七分に改り，中銀の時より一割に改り，今の新銀に至て一割三分に改り候て，銀百貫目造出し候へば，銀十三貫目をわかち下され候事になり来り候。皆これ，奉行人私の恩を以て相はからひ候事と相聞候。いかなる故により候てか，如レ此(224)に多くの銀どもわかちとらせ候事に候ひしか，尤(もっとも)以て心得がたき事どもに候き。)

某，此法を議し候に，上中下三つの法をわかち候て，さて其時勢に随ひ候てよろしかるべき法を以て相応じ候やうに存寄候(225)。其三つと申すは，第一には，元禄銀いまだ出来り候はぬ数，ことごとく皆出来り候はんには，上銀に改造り候灰吹の銀，外よりもとめ候にも及ばず。その余の新銀共の中の灰吹にて事足り候て，十年の内には其功を終るべき事に候歟(か)(226)。第二には，元禄銀大半も出来り候はば，宝永銀，中銀等を以て上銀に改造り候料とし，三宝字銀と新銀等に入候灰吹，又，十年の間に山々より出来り候灰吹等を以て増加候料とし候はゞ，これも十年の内外には元禄以前世に通行し候ほどの銀の数は出来るべく候(227)。然れども，此事も又，必らずとは恃(たのみ)がたき事に候歟(か)。第三には，元禄銀出来り候数も減じ候はんには，宝永銀，中銀は申すに及ばず，三宝字銀の内をも三つにわかち，其三つが一をば上銀に改造るべき料とし，其三つが二と今の新銀との灰吹ども，又，

---

(223) 下され。
(224) 此の如く。
(225) この「上中下三つの法」の可能性を想定することは，白石が改貨の具体策に試行錯誤的な可変性を与える根拠になる。
(226) 比較的に品位の高い元禄銀の回収を基準として，事態が，最も好ましく推移する場合。「上中下三つの法」の内「上」の法のこと。
(227) 同じく元禄銀の回収を基準として，事態が，中位の好ましさで推移する場合。「上中下三つの法」の内「中」の法のこと。

二十年の間に山々よりしるし候はずしては，其事明らかならず候故に(228)，上中下の三つの内，その下の法を別記にしるしをき候。此法を以てよろしく斟酌あるべき事は，此事を行なはれ候人の心得にあるべき事に候。又，別記にしるしをき候ことは，此冊にしるし候ては，其事まぎらはしく候て，見やすからざるが故にて候。これ四つ。

第六条：上銀との兌換と銀鈔の更新

第六　世に通行し候べきほどの上銀造出し候時，又銀鈔も改造られ候て，（第二度めの銀鈔也。）まづ其上銀を以て，最初新銀に引かへられ候銀鈔に（第一度めの銀鈔也。）引かへられ，次に上銀いまだ造出来ず候て，引きかへ残り候所へは，此度改造られ候新銀鈔を以て，最初新銀に引かへられ候古銀鈔に引かへられ，其古銀鈔共をばことごとく皆焚棄られ，重ねて上銀を造出し引かへられ候間は，金銀銭と新銀鈔との四つを以て天下の財用を通ぜらるべき事(229)。

此事の法意は

出来り候灰吹を以て増加候料とし候はゞ，二十年の間には世に通用し候ほどの銀は出来るべき事に候。上銀の数多く造出し候はぬ間は，銀鈔を以て其数を補ひ候はんには，世に通行し候所，其累も有まじき事に候。すべて如し(230)の事をはかり候には，何事も事足り候はぬほどにつもり候へば，事の相違出来候時にも，大やうはたがふ所なきが故にて候(231)。もし，天下の人，其福いまだ尽ず候て，はからざる外の幸なる事も出来候はんは，

---

(228)　同じく元禄銀の回収を基準として，事態が，好ましくなく推移する場合。「上中下三つの法」の内「下」の法のこと。

　　　原書のこの部分には，語句の欠落が有るか。

(229)　銀鈔の上銀との兌換は何度かにわたっておこない，例えば一度目と二度目の兌換の間は，一度目の兌換のときに造った第二次の銀鈔を流通させる。

　　　その場合，一旦，1未満の兌換率で銀鈔の兌換がおこなわれれば，それ以降の貨幣市場における銀鈔の上銀による価格は，その兌換率の大きさによって規定されていくであろう。金鈔についても同様である。

(230)　此の如き。

これ又望外の事たるべく候。もし又，不幸に候て，元禄銀等出来り候所も其数すくなく候とも，三十年の間には，此法をだに行はれ候はんには，必ず其功成らずといふ事あるべからざる候歟。

此事を行はれ候法の次第は

前にしるし候ごとくに，新銀共の出来り候様子により候て，其法も改るべき事は，すなはち活法の謂に候へば，かねてより其法を定申難く候[232]。然れども其法の大略を，たとひ元禄銀の数多く出来らず候とも，十年の間には，世に通行すべきほどの上銀は出来るべきことに候歟。然れども，十年に満ず候ては，新銭を以てとり収められ候銀鈔の数も，半を減ずべからず候。（二十年の間に，新銭にて十万貫目の銀鈔を減じ候法に候へば，初十年にみたず候はねば，五万貫目の銀鈔には引かへられ候はぬつもりに候。）又，上金に改造らるべきほどの焼金も出来るべからず候。然れば，彼是三つの大数[233]を見合候て，上銀の数も世に通行すべきほどの数を造出し候，（たとへば，最初銀鈔を以て引きかへられ候新銀共の出来り候惣数を見合せ候て，十貫目につきて上銀四貫目づゝは引渡され候つもりほど上銀造出し候を以て，其時節とすべく候。）新銭にて引かへ候所の銀鈔も半を減じ，（新銭にて銀鈔五万貫目に引かへ候を以て，其時節とすべき事にて候。）焼金出来り候数も千三十貫目に満ち候時を，（その大数，一年の間に百三貫目余づゝ出来るつもりに候。）見合せ候て，はじめて上銀を出し行はるべき事に候[234]。これ一つ。（此見合せちがひ候はゞ，必らず世

---

[231] 物ごとを内輪に見積もっておけば，事態がうまく運ばなくとも，大要では困ることがない。

[232] 現実にあわせて法・政策を変えていくのが活法なのであるから，事前に法・政策を決めてしまうことは出来ない。

現実は，法則性が発現したものであるが，その法則性を直接に捉えることは出来ない場合がある。とすれば，現実に沿って法・政策を変更していくべきである，ということ。

[233] 焼金・上銀・新銭の数。

の通行たやすかるまじく候歟(か)。)

　慶長の銀法は，凡(およそ)銀十貫目に，灰吹銀八貫目銅二貫目の法にて候。異朝にて我国の銀を八程銀と申し候は，灰吹銀八分銅二分なる故にて候。然るに，元禄銀には灰吹銀六貫四百目，宝永銀には灰吹五貫目，中銀には灰吹四貫目，三宝字銀には灰吹三貫二百目，新銀には灰吹二貫目の法にて候へば，新銀共の内にて灰吹の多少大きに同じからざる事にて候。五度改造られ候新銀共の灰吹をならし[235]候て見候に，十貫目の内に灰吹四貫百二十目[236]づゝのならしに候へる。慶長の法に引くらべ候へば，灰吹三貫八百八十目[237]づゝの不足たるべく候。これより後造出さるべき上銀は，すなわち慶長の法に候へば，其不足の所，三貫八百八十目づゝの灰吹を足され候べき大法にて候。然れども新銀共の灰吹をならし候て，四貫百二十目と申すは，元禄銀の灰吹其分量多きが故にて候。元禄銀を除き候て，宝永銀以後四度の新銀をならし候へば，十貫目の内，灰吹三貫五百五十目[238]づゝのならしに候へば，足され候所の灰吹は，四貫四百五十目[239]づゝのつもりにて候。然れば，上銀改造られ候につきて，世に散在し候元禄銀，出来り候数すくなく候ほど，足され候所の灰吹の数は多かるべき事に候へば，大かたは，新銀共十貫目につきて，灰吹四貫百六十目余づゝを足され候大法にも候べき歟。十貫目に足され候所の数すでに如_此[240]に候へば，

---

[234]　改貨全体の見通しが立ったら，上銀を発行する。そうでないと改貨は破綻してしまう。

[235]　平均する。

[236]　計算は，
　　$(6.4+5+4+3.2+2) \div 5 = 4.12$。

[237]　計算は，
　　$8-4.12 = 3.88$。

[238]　計算は，
　　$(5+4+3.2+2) \div 4 = 3.55$。

[239]　計算は，
　　$8-3.55 = 4.45$。

六十余万貫目の新銀共に足され候所の数は，灰吹二十四万九千六百貫目(241)には及ぶべき事に候。たとひ此後，諸国の山々より灰吹多く出来り，六十余万貫目の新銀共，皆々改造られ候事たやすき御事に候とも，ことごとく皆灰吹を足し造られ候て，世に行なはるべき御事は，万々におゐて不レ可レ然(242)御事(243)に候。上銀にて候とも，其数多く候はんには，必らず其価軽くなり候て，万物の価は重くなり候(244)事，今日のごとくなるべく候。しかれば古のよく国を治め候政のごとくに，法を以て世に通行し候銀の数を減ぜらるべき御事は，(此事の子細は，第一巻の初にしるし置候。)此御時に候へば，某愚存の所は，いかにもして元禄以前，世に通行し候ほどの銀の数を造出され候を以て，上銀改造られ候大数とし候はん事，天下公私のため，尤（もっとも）以て可レ然(245)御事に候(246)。(元禄八年より十一年迄の間，本郷におゐて新銀改造られ候時，引かへられ候所の古銀の数，凡（およそ）二十三万六千八百八貫五百目にて候。これすなはち，元禄八年より以前，天下に通行し候所の銀の数にて候。其後，元禄十二年より宝永二年迄の間，

---

(240) 此の如く。
(241) 計算は，単位は万で，
  $4.16 \times 6 = 24.96$
(242) 然る可からざる。
(243) 新産銀が多くても，銀貨を過剰に発行してはならない。
(244) たとえ品位の高い銀貨でも，その数量が多ければ，貨幣の購買力の低下，物価の上昇が起きる。
  明瞭に貨幣数量説的な理解である。品位の「高い」貨幣が「多い」とき，その価格がどうなるかは，数量説にとって究極の問いとなる。その問いに答えている点で，この叙述は，白石の貨幣論の根本を示す一文になっている。逆に，品位の「低い」貨幣が「少ない」とき，物価は低く，貨幣の購買力は高くなるであろう。
(245) 然る可き。
(246) 物価を，元禄期に始まるインフレーション以前の水準に戻し，かつ，それ以上のデフレーションはもたらさないために，貨幣数量をインフレーション開始前の水準に戻す。
  白石の貨幣論・物価論に沿った，改貨政策全体のターゲットを示す叙述である。

銀座にて買出し候古銀の数,凡(およそ)五万八百八貫六百五十五匁にて候。これは本郷にて引かへられ候時に出来り候はぬ所を,銀座にて年々に買出し候所にて候(247)。）これよりのち,元禄銀の数だに多く出来り候におゐては,二十六七万貫目の上銀はたやすく改造らるべき事に候。たとひ元禄銀の数少く出来り候とも,二十三四万貫目の上銀は,二十年のうちには改造り候はん事も,又たやすかるべく候歟(か)。然れども,六十余万貫目の鈔に引かへられ候には,其数ことの外に不足し候へば,法を以て引きかへられ候はずしては,叶ひ難き事共に候。其法,又,三つに過べからず候歟(か)。第一には,二十年の間に新銭を以て銀鈔十万貫目に引かへ候て,其鈔を焚(たき)棄て候へば,上銀を以てかへらるべき所の銀は,五十余万貫目に過べからず候。第二には,上銀を以て銀鈔を引きかへられ候法,或は六分四分の法を用ひ,上銀六貫目を以て銀鈔十貫目に引きかへらるべく候はん歟(か),或は五分五四分五の法を用ひ,上銀五貫五百目を以て銀鈔十貫目に引替らるべく候はん歟(か)。これらの所は,銀鈔の数と上銀造出され候所の数とを見合せ候て,よろしきやうに斟酌あるべき御事に候(248)。（本文に見え候ごとくに,たとひ元禄銀多く出来り候とも,五度の新銀共の灰吹をならし候へば,足され候所の灰吹の数,十貫目には三貫八百八十匁づゝにて候。まして元禄銀出来たり候数すくなく候はんには,足され候灰吹の数,十貫目には四貫四百五十匁づゝの事に候。然らば,銀鈔十貫目に上銀三貫五六百目づゝ引わたされ候とも,上銀に改造られ候所の御物入ども,上の御費(249)多き御事に候上は,天下の人のためには,猶ありがたき御事たるべく候。然るに五分五の法を以て引かへられ候はんには,尤(もっとも)以て,望外の大幸たるべく候。もし,元禄銀も多く出来り候はんには,六分の法を以て引きかへられ候事も候はんには,猶又,望外の大幸たるべく候(250)。これらの所は,よくよくその見合せ候て,よろしきやうに斟酌あるべき御事に候へば,かねてより其法

---

(247) 1705（宝永2）年までの合計で,287,617.15貫。
(248) 現実の状況に対応して,具体的な政策を変更していくべきである。
(249) 新貨の鋳造のための幕府の費用負担。

を定申がたく候。とにもかくにも,天下の人の心悦び服し候やうの御沙汰には,しくべからざる御事勿論の事に候。)しからば,上銀或六万貫目にては銀鈔十万貫目に引かへられ,或五万五千貫目にては銀鈔十万貫目に引かへらるべく候へば,二十三四万貫目の上銀にては,銀鈔或四十万貫目,或四十三万余貫目には引かへらるべき事に候。(六分の法にては,上銀二十四万貫目にては銀鈔四十万貫に引かへられ候。五分五の法にては,上銀二十四万貫目にては銀鈔四十三万余貫目に引きかへらるべく候(251)歟。)猶引かへ残り候十万貫目の銀鈔をば,又新銀鈔を以て(第三度目の銀鈔也。)引かへ置れ候て,其後年々に造出され候上銀を以て引かへらるべき御事に候。第三には,上銀を出され候て銀鈔に引かへられ候法,たとひ上銀多く出来候とも,一時に出しかへられ候事不レ可レ然(252)候。法を以て前後二十年の間に,四五度ばかりに引かへらるべき御事に候。しかれば,十貫目につき候て,或は四貫目づゝを減じ,或は四貫五百目づゝを減じ候とも,一時に減じ候事にあらず候て,漸々に其数を減じ候へば,世の人其数の減じ候をも相忘るべき事に候。(此引かへの法の次第も,別記につまびらかに候。)殊には上銀の数すくなく出され候とも,上銀共天下にゆき渡り候て,或は引かへ,或はいまだ引かへ候はぬものも候ごとくなる事も,あるべからず候事に候。これ二つ。

此事を行はるべき次第は

此事又,かねてより定申難き事勿論に候へども,其法をしるさずしては,

---

(250) 「五分五」は55%の兌換率。「六分」は60%の兌換率。

不確定性の大きい銀の改鋳過程で,新旧銀貨の交換率をあらかじめ決定し,徐々に交換をおこなえば,新銀貨の不足によって改鋳全体に齟齬をきたしうる。したがって,ひとまず旧銀貨を銀鈔と交換し,新銀貨の鋳造が進んだ段階で,状況に合わせて銀鈔の兌換率を決定することによって,新銀貨の不足を避けることが出来る。

(251) 計算は,単位は万で,

$24 \div 0.6 = 40$。

$24 \div 0.55 = 43.6$。

(252) 然る可からず。

其事明らかならず候故に，五分五の法を以て引かへらるべき次第を別記にしるし置き候。此法に准ぜられ候はゞ，たとひ何分に引かへられ候とも，其義は同じかるべき事に候。

第七条：金鈔の発行

第七　上銀を造出され候におゐては，同時に金鈔をも造出し[253]，元禄金，今の新金に引かへ候法，最初新銀共をとり収められ候ごとくにして，慶長の法のごとくの上金に改造候て，出し行はるべき事。

此事の法意は

今の新銀すでに上銀に改り候上は，上銀六十匁には新金二両を以て両替すべき事勿論に候。（新金と新銀共両替のつりあひ[254]の事は，第一巻の第三条に詳にしるし置候き。）然らば，天下の金の数たち所に其半を減じ候へば[255]，尤以て不レ可レ然[256]事にて候。法を以て，金の数大きに減じ候はぬやうに御沙汰なくしては，かなふべからざる御事に候。これ一つ。

慶長の金法は，金の重さ四匁七分六厘を以て一両と定められ候[257]所に，元禄の法は，灰吹の銀を雑入られ候て，慶長の法の古金に五割を増候法に候ひしかば，凡古金十両を以て新金十五両に改造られ候き[258]。これより後，元禄の新金を以て，慶長の古金のごとくに上金に改造られ候はんには，元禄金十五両に雑入られ候所の灰吹銀を吹去候へば，上金十両は出来るべき事に候。今の新金は彼灰吹を吹去られ候ども，其重さ古金の半に候

---

(253)　銀鈔の兌換による上銀の発行と同時に金鈔を発行し，銀貨のときと同様に旧金貨と金鈔との交換をおこなう。

(254)　比価。

(255)　金貨を上銀と交換したときの計算。同額の金貨を上銀と交換すれば，旧銀と交換したときの半分の量になってしまう。

(256)　然る可からざる。

(257)　「建議　七」では，四匁八分としている。

(258)　10/15＝0.667であり，元禄金の金含有率0.564/慶長金の金含有率0.857＝0.658である。ここで，元禄金と慶長金の重量は等しいとされている。前章の表１-１を参照。

へば、(二匁五分に候歟^(か)(259)。) 今の新金を以て上金に改造られ候には、或は、二十両の内を以て上金十両となされ候歟^(か)、或は、今の新金十両に、焼金二十二匁六分を増加られ候て、上金十両となるべき事(260)に候。彼是を引くらべ見候に、上金を造られ候には、元禄金を以て其料とし候事は、可ㇾ然(261)事共多く候歟。(改造り候時のためよろしきばかりにてはなく候。上金造出し引かへ候にも、たとへば元禄金十五両へ上金十両わたし候はゞ、その損失わづかなる事にて候べし。新金二十両へ上金十両(262)わたし候はゞ、其半を失ひ候やうに人々存ずべき事に候。) しかれば金銀の法、むかしのごとくに改らるべく候はんには、まづ元禄金を以て今の新金に改造られ候事も、一日も早く停めらるべき御事に候。殊には又、上銀を改造らるべき由の御沙汰も候はん上に、只今迄のごとくに新金を造出され候にをゐては、天下の人其心疑ひ起り候ぬ事はあるべからず候。然らば、上金造られ候御ためのみにあらず、上銀つくられ候御ためにも不ㇾ可ㇾ然(263)御事に候へば、上銀吹出さるべきの御沙汰候時に、同時に新金の事をも停められ、此後上金造出され候御沙汰迄は、元禄金と新金と雑用ひ候て通行すべきよしを可ㇾ被二仰出一(264)御事。これ二つ。

長崎におゐて阿蘭陀人、年々に取ゆき候一万二千八百四十二両余づゝの金、凡^(およそ)二十年の料二十五万六千八百四十両の事は、今の新金を大坂御蔵に納置れ候て、年々に長崎へ差つかはされ、阿蘭陀人へ相渡し候法、唐人共へ今の新銀を渡され候法のごとくなるべく候。これ三つ。(阿蘭陀へは

---

(259) 同じく、前章の表１-１を参照。
(260) 計算は、品位を小数点以下第２位まで用いて、
　　　10×2.5×0.83＋22.6＝43.35。
　　　10×4.76×0.86＝40.94。
　　以上の含有金量の問題については、注（266）を参照。
(261) 然る可き。
(262) 原書には「匁」とあるが、「両」で意味が通る。
(263) 然る可からざる。
(264) 仰せ出さるべき。

今の新金を以て渡され候事，しかるべき事に候。このゝち上金造出され候に及びては，其子細を申きかせ候て，一年に上金六千四百二十一両づゝを渡さるべき事に候歟(265)。もし長崎表商売の御沙汰も候て，さほどまでの金を渡され候に及ばずして事済候はんには，我国の大幸たるべく候。すべて対州，薩州，長崎表の□□□て定申べき事共に候歟。）

新金造出し候事を停められ候にをゐては，それよりのち年々に出来り候焼金ども，皆々御蔵に納め置れ候て，上金改造られ候料となさるべき御事に候。これ四つ。（只今迄のつもり凡一年の間に出来り候焼金，百三貫九百匁余の事にて候。十年の間には千三十九貫目余に至るべく候歟。然らば，この焼金を以て，新金一両につきて焼金二匁二分六厘づゝを増加候て(266)，上金とし候はば，凡四十五万九千両余の上金(267)は造出さるべき事に候。）元禄年中造られ候所の金の数，千三百九十三万七千五百九十三両三分の内，今の新金造られ候につきて出し引替候処，宝永七年より去年(268)まで三年の間に，凡六百六十一万七千四百五十八両三分にて候へば，猶今世に通行し候所の元禄金，凡七百三十二万百三十五両は候べき歟(269)。其内，当年新金に改造り候数は，凡二百二十万両に候歟。（去年一年の間に出来り候所の元禄金，二百十二万三千百十六両三分に候へば，当年一年の間に出来り候大数，今，二百二十万両とつもり候て，さのみ大たがひは有まじ

---

(265) 計算は，

6,421×2＝12,842。

この場合の金貨は世界貨幣であるから，そのうちの金の量が直接に問題となる。

(266) 宝永金1両（2匁5分）に焼金2匁2分6厘を加えれば，4匁7分6厘の上金が出来る。この方法では，全重量の約47.5％の焼金を加えるのであるから，上金の品位は約91.3％になる。新金2両をもって上金1両とする方法とともに，概算を示すか。

(267) 計算は，

1,039,000÷2.26＝459,735。

(268) 1713（正徳3）年。

(269) 計算は，

13,937,593－6,617,458＝7,320,135。

く候歟。但し此うち元禄以来十八年の間、阿蘭陀へ流入候数ほどは減ずべき事勿論たるべく候歟。）猶世に通行し候所の元禄金、凡五百十二万両余はあるべきつもりに候。此外今の新金造出され候大数、千百九十万両のつもりにし候て、これらの金を以て上金に改造り候はゞ、凡上金九百六十五万九千六百両とはなるべき大法にて候。（これまづ大法を以て論ずる所にて候。元禄以前天下通行の金の数、八百八十二万四千三百五十両にて候へば、上金の数はそれよりも猶、八十三万五千二百五十両は多くなるべき事に候(270)。）此上金を以て、元禄金、新金等に引かへ置候所の金鈔に引かへ候時、五分五の法を以て渡され候はゞ、（百両の鈔に上金五十五両を渡す積りに候。）上金四十九万四千四百両余は残り候べき歟(271)。（五分六の法にて引きかへ候へば、上金三十二万七千七百八十両余残るべし(272)。五分六の法は、百両に上金五十六両づゝのつもり也。しかれば、上金引かへ候事、五分歟、五分五歟、五分六歟、此三段の間たるべく候。）

（頭書）これらの事、くはしくは別記に見え候。

しからば、此残り候所を以て金銀改造られ候御費のうちを償ひ□□の事は、候べき御事に候。ましてや又、元禄金のうちより出来り候灰吹の銀、一万千六百三十九貫目余は有べく候へば、後十年の間に上銀改造られ候所の料にも、しかるべき御事に候。これ五つ。（此事は別記につまびらかに見え候。こゝにはまず大略をしるし候迄にて候。）

上銀を造られ候事は、其料とすべき灰吹の銀の数も多く、又、新銀共に雑入られ候灰吹、銅吹わけ候料の鉛の数も多く、種々上の御費多く候て、

---

(270) 金貨の数量が元禄以前より減少しないことが強調される。
(271) 計算は、単位は万で、以下になるか。
　　$(512+1,190)\times 0.55 = 936.1$
　　$966-936.1 = 29.9$。
(272) 計算は、単位は万で、以下になるか。
　　$(512+1,190)\times 0.56 = 953.1$
　　$966-953.1 = 12.9$。

其法も又，事むつかしき事共に候。上金を造られ候ことはたやすき事共にて，其御費も多からずして，其功も又，すみやかに成就すべき事共に候。凡(およそ)一年の内に三四百万両の上金をば造出すべく候へば，金鈔を用ひ候事，僅に一年の後には，そのまゝ世に通行し候ほどの上金を出し行なはれ，それより後も，年々に三四百万両づゝ出来候はんには，凡(およそ)一年を隔て隔てし候ては出行はるべく候へば，十年の内には其功終るべしと存候。（七八年には其功終るべき事に候へども，まづ□□□□十年とは存ぜられ。）これ六つ。

　上銀造出され候時，同時に又，新金共をも金鈔に引かへられ候て，上銀と銀鈔と銭と金鈔との四つを以て世に通行せられ候事(273)，凡(およそ)二年の後には上金造出され，其後は上金，金鈔，上銀，銀鈔，銭の五品を以て世に通行あるべく候へば，事の端(274)多く候て，いかゞしく(275)も存ぜられ候へども，只今迄は銀ばかりにも，元禄銀，宝永銀，中銀，三宝字銀，新銀の五品わかれ候て，其上惣場も五段にわかれたち(276)，金にも元禄金，今の新金二品わかれたち，彼是七品までも通行し候き。しかれば，上金，金鈔，上銀，銀鈔，銭の五品を以て通行し候とも，其惣場くるひ候はず候はんには，世の通行のため，さのみ事煩しき事も有べからず候歟(か)。殊には又，銀鈔は前後に通じて二十年ばかりも通行すべき事に候へども，金鈔は十年を出ずして通行とゞまるべき事に候上は，たとひ事煩しく候とも，万代までの御ために，わづかに十年の内外の事は，とにもかくにも有べき御事に候歟(か)。これ七つ。

　上金を造られ候事も，今の新金造られ候ごとくに，大判の事は，まづそ

---

(273)　白石は，ここで，銀鈔の兌換による上銀の発行の開始の時点を，新金と金鈔との交換の時点とする。

(274)　問題の要素。

(275)　よくない。

(276)　中銀以下の3種類を「通用銀」として一括することもあった。前章の注（121）を参照。

のまゝにさしをかれ候て，（銀は献上の時など，台にはのせ候はぬ物にて候。黄金はそのまゝ台にをき候物にて候へば，鈔をなのせ候はんも，いかゞにて候故にて候。）まづ小判，一分判を改造られ候はん御事歟[277]。小判，一分判皆々引かへ事済候上には，大判をも改造られ候とも，又，大判はそのまゝさしおかれ候とも，其時の様子によるべき事に候。大判は元禄金のまゝにて候へば，その儘に候ともくるしかるまじき事にも候歟。同じくはこれも後々には改造られたき御事に候歟。これ八つ。（大判改造られ候はゞ，そのうちに候灰吹銀出来り候事はしかるべき事にて候。但し事の体により候て，大判はことごとくに出し引かへ候はぬ事有べき事に候。）

前にもしるし候ごとくに，最初銀鈔をとり収めべきために新銭を鋳出され候時よりして，一年に新銭四万貫文づゝを引わけ候て，新金一万両づゝとり収め候事十年にして，新金十万両をとり収め候へば，上金を出し引かへられ候時に，十万両の数を減じ候て然るべき事に候故にて候。もし阿蘭陀人の商売の法，只今迄のごとく，一年に新金一万二千八百四十二両づゝを渡され候はんには，をのづから世に通行し候新金の数は減じ候事に候へば，別に新銭を以てとり収め，其数を減じ候にも及ぶまじく候はん歟[278]。しからば，年々に新銭四万貫文づつ鋳出し候御費をも減じ候て可_然[279]事，勿論に候。もし又，はからざる外の事変[280]も出来候はんために，まづ新銭を以て□□通行し候新金の数，十万両をば減じ置くべく候はん歟。（前に見え候ごとくに，上金を以て金鈔に引かへられ候事，五分五の法にて，百両につきて五十五両づゝ引わたし候へば，残る所の上金四十九万四千四百両余ある事に候[281]。もし，五分六の法にて，百両につきて五十六両づゝ

---

(277) 儀礼用の大判の改鋳は後回しにし，実用向けの小判，一分判を改鋳する。
(278) 長崎貿易による金の流出があれば，銅銭を増鋳して金貨を減少させるには及ばない。
(279) 然る可き。
(280) 金貨が必要な事態。
(281) 計算は，注（271）を参照。

引わたし候へば，残る所の上金三十二万七千七百八十両余ある事に候⁽²⁸²⁾。百両につきてはわづかに一両の事に候てだに，二千万両に近き数にて候へば，おびたゞしきたがひも出来候事にて候。よくよくその見合のあるべき事には存じ候。）此等の間は金鈔を出され候て，とり収められ候新金共の様子により候て，其沙汰あるべき事にて，かねて定申難き事共に候。これ九つ。

此事を行はれ候次第は

金鈔を造られ候法，銀鈔にまぎれ候はぬやうに有べき事にて候。其余は，銀鈔を造られ候法にかはる所もあるべからず候。これ一つ。

金鈔を以て元禄金，今の新金等に引かへられ候法，皆々銀鈔にて新銀ども引かへられ候法に同じかるべく候。但し，引かへ候場の事は，銀鈔を引かへ候所と同じく候はんには，必らず事のまぎれ出来るべく候。これらの義は，御僉議(せんぎ)の上よろしく御沙汰有べき事勿論に候。これ二つ。

上金造り出され候て，金鈔に引替られ候仕第，これ又，皆々上銀を出され候法のごとくなるべく候歟(か)。これ三つ。

此外上金を造られ候法，并(ならび)に引かへられ候仕第等，これも別記に其大略をしるし候へば，こゝには詳にせず候。（すべて金銀の事その様子により候て，法はいかほどにもよろしきやうに沙汰あるべき事。すなはち活法にて候。小数にかゝはり候べき事にあらず候へども，まづ大略のところを論じ候はねば，手がゝりもなく候故に，其小数共をもしるし候て，それに応じ候法をも大略をしるし候事共に候。たゞこの心得を以て，いかやうにも沙汰はあるべく候。必ず此数此法のごとくと心得候はん事は，ゆめゆめあるべからざる事，勿論に候⁽²⁸³⁾。）

---

(282) 計算は，注（272）を参照。
(283) 金銀のことは，状況に応じて政策を調整していくべき事柄である。すなわち活法と言うものである。本来は「小数」にかかわるべきではないが，まず大略のところを論じなければ手がかりもない。そこで，「小数」をもとにして，政策の大略を記したのである。ここでの数値そのものを絶対視してはならない。

第八条：借金銀の扱い

第八　借金借銀の法を定めらるべき事。

　此事の法意は

　　銀鈔を以て借り候所を，上銀出候後に上銀を以て返済し候法，たとへば銀鈔十貫目を借り候所へ，上銀を以て返済し候はんには，上より六分の法を以て上銀を引渡され候はゞ，上銀六貫目にて返済すべき事に候。上より五分五の法を以て上銀を引渡され候はゞ，上銀五貫五百匁には返済すべき事に候。前にもしるし候ごとくに，此事の法を定出されず候はゞ，必らず異論出来るべき事に候。然れば，上銀を造出され，銀鈔に引かへられ候初にさきだちて，上銀を以て銀鈔に引かへらるべき法の仕第等，詳に下々の信じ服し候やうにしるし出され，其条目の末に，銀鈔を以て借り候所を銀にて返済すべき事，此例に准ずべき由をしるし出さるべき御事に候。上金を造出され候時も，此心得のごとくなるべく候(284)。

第九条：上金との兌換と金鈔の更新

第九　最初上金を造出され候て金鈔に引かへられ候後に，第二度め，第三度めに（金の引かへは，大かた三度にて事終るべく候。）上金を造出され候て，金鈔に引かへられ候法の仕第，皆々最初の法のごとくなるべき事。

　此事の法意は

　　前にもしるし候ごとくに，上金を造出し候事は，上銀を造出され候よりはたやすかるべき事に候。大かたは一年を隔(へだて)々出し候て，金鈔に引かへられ候事，凡(およそ)第三度にしては其功終るべき事に候歟(か)。たとひ二年づゝを隔候とも，十年の間には事終わるべき事に候。上金造出され候度々に，金鈔をも改造られ候て，古き鈔と引かへ引かへすべき事，銀鈔の法に同じかるべく候。其余は別記にしるしをき候。（異朝の法には一界(285)と申す事

---

(284)　銀鈔でおこなった借銀を上銀の発行後に返済する場合，銀鈔の兌換率に応じて上銀で返済すべきことを法定する。金鈔でおこなった借金についても同様である。

(285)　宝鈔の流通期限。

候て，銀鈔を十年ほどづゝにては引かへ引かへし候事有レ之(286)候。これはその引かへ候につきて，上に利の帰し候事も候歟。このたび金銀の鈔を用ひられ候べき事は，金銀改造られ候ために，金銀をとり収められ候あとに，世の通行しかるべきために，金銀の鈔を出され候迄の御事たるべく候。ふるき鈔と新らしき鈔とを引かへ引かへし候はねば，もはや引かへの済たる鈔に候歟，いまだ済み候はぬ鈔に候歟，との見あはせのためによろしからず候事候まゝ，金銀を出し引かへられ候度々に，幾度も鈔をば前の鈔とまぎれなきやうに，様子(287)を引かへ引かへ出さるべき御事に候。）

第十条：銀鈔の更新

第十　最初上銀を造出され候て銀鈔に引かへられ候後に，第二度め，第三度め，第四度めに上銀を出し，銀鈔に引かへられ候法，最初の時の法に同じかるべき事に候事。（事の体により候て，五度は引かへられ候事もあるべく候歟。いづれにても，其法は同じかるべく候。）

　　此事の法意は

　　　　上銀造られ候事は，上金造られ候よりは其事たやすからず候へば，其年限のほどかねて定申難く候。二十年の内外には，其功終るべき事とは存じ候へども，天下の事変，必らずと申すことは恃がたき事勿論に候。最初に上銀出され，銀鈔と引かへられ候後に，重ねて又，引かへらるべきほどの上銀の数造出し候はゞ，前法のごとくに銀鈔をも改造られ候て，上銀と新銀鈔とを出され，古銀鈔に引かへられ候仕第，毎事(288)前法に同じかるべく候。其余は別記に見え候へば，こゝにはたゞその大略をしるし候。

結語

　右十条，第一巻の初にも論申候ごとくに，如レ此(289)事数(290)と法とに拘り

---

(286)　此れ有り。
(287)　鈔のデザイン。
(288)　事々に。

候ては，終には其差謬出来候事にて候[291]。然れども其法を議し候には，其数を立て候はでもかなひ難き事に候を以て[292]，只今の間に見え来り候所の数ども[293]を挙候て，其法を議し候事に候。もし此法意をだによく心得られ候て，其事の変により候て，よく其法をも変ぜられ候て，其機に応ぜられ候はゞ，つゐに大きに差謬る事も有まじき御事に候[294]。某もとより数術[295]をしらず候て，国家の政事におゐては精錬し候べき事にもあらず候上は，議申す所其理に当り候べき歟否の事を知らず候事は勿論に候へば，其憚尤（もっとも）すくなからず存候。

　正徳三年六月　日[296]

白石建議　八（「改貨議」別記）

上銀に改造候料の新銀事[297]

　一　元禄銀　八万貫目。（宝永以来，新銀共出候時に出し替ず候元禄銀，十八万六千四百四十七貫目候。十八年の間に外国へ流入候とも，八万貫目は出来るべく候歟（か）。）

---

(289)　此の如き。
(290)　事態と数値。
(291)　「建議　四」序論で白石の挙げた暦法の例を参照。
(292)　正確なものではなくても，数値を挙げて議論しないわけにはいかない。
　　　白石の，経済政策策定に当たっての，「算術」利用についての基本姿勢を示す文言である。「小数」しか得られない問題の場合，その「小数」にもとづいて政策を立て，試行錯誤をおこなうしかない，ということ。
(293)　白石の言う「小数」。
(294)　「小数」にもとづく政策であっても，予想と現実とに差が生じれば，政策を調整するという試行錯誤の方法を採れば，大きな間違いは生じないであろう。
　　　ここでは，明確に「試行錯誤法」が説かれている。
(295)　算術。
(296)　「日」は原書で空白。正徳三年は1713年。第5章「補遺Ⅰ」を参照。
(297)　上銀に改造する新銀。①。

一　宝永銀　二万貫目。(中銀以来出し替ず候宝永銀, 五万二千五百五貫目候。是又, まづ, 二万貫目程は出来るべく候歟。)

　一　中銀　千九百五十七貫目。(これは皆々出来るべく候歟。)

　一　三宝銀　三万貫目。(三宝銀いまだ吹直し候はぬ所[298], 十五万八千二百十七貫目候。これ又皆々出来るべく候。其内三万貫目を上銀の料とし候。)

　四口合, 十三万千九百五十七貫目。

上銀造候時増加候料の灰吹銀事[299]

　一　灰吹一万千六百三十九貫十四匁余は,

(元禄金七百三十二万百三十五両より出来るべき所に候[300]。)

　一　灰吹五万貫目は,

(諸国山々より二十年の間に出来るべき大数に候。(一年につきて二千五百貫目づゝ。))

　一　灰吹四万千二十九貫四百四十匁は,

(三宝銀十二万八千二百十七貫目より出来るべき所に候。○但し, 外に三万貫目は, 上銀に造候料に除き候。)

　一　灰吹七万八千四百六十一貫四百匁は,

(新銀三十九万二千三百七貫目より出来るべき所に候。○但し, 外に新銀二千四百貫目は, 二十年の間長崎表にて, 唐人方商売の料に除き候[301]。)

　四口合, 十八万千百二十九貫八百五十四匁余。

上銀造出し候大数事[302]

　一　上銀十四万四千貫目は,

(元禄銀八万貫目を以て造る。○この増灰吹六万四千貫目。(十貫目につきて

---

(298)　発行された三宝字銀のうち, 四宝字銀に改鋳されていないもの。
(299)　上銀を造る際に増し加える灰吹き銀。②。
(300)　元禄金の金品位を高めたときに出る塩銀。
(301)　注 (93) を参照。次々項での2,400貫目についても同じ。

増灰吹八貫目づ丶。））

一　上銀五万貫目は，

（宝永銀二万貫目を以て造る。○この増灰吹三万貫目。（十貫目につきて増灰吹十五貫目づ丶。））

一　上銀五千八百七十一貫目は，

（中銀千九百五十七貫目を以て造る。○この増灰吹三千九百十四貫目。（十貫目につきて増灰吹二十貫目づ丶。））

一　上銀十万二千貫目は[303]，

（三宝銀三万貫目を以て造る。○この増灰吹七万二千貫目。（十貫目につきて増灰吹二十四貫目づ丶。））

一　上銀一万四千十九貫八百目余は，

（右四色の新銀共に増加候残り灰吹，一万千二百十五貫八百五十四匁を以て造る[304]。）

五口合，三十一万五千八百九十貫八百目。

（此内，銀座雑用銀の料に引渡す所，九千四百七十六貫七百二十四匁。（十貫目につきて三百匁づ丶の法。））

残る，三十万六千四百十四貫七十六匁。

---

(302)　上銀を造る概数。③。
　　①と②の合計が，ほぼ，③の数値に等しくなる。
　　　131,957 + 181,129 = 313,086。
　　③の数値は，11,215余の灰吹き銀に加えられる銅2,804を含め，315,890とされる。銀鈔と引き替える額は，銀座雑用銀を考慮して，概算で，
　　　315,890 − 9,476 = 306,414。
　　本項では，上銀の製造数が，古銀（慶長銀）の引き替え数を上回ることが強調される。
(303)　三宝字銀3万貫目は，約16万貫目の内の一部。
(304)　計算は，
　　　11,215.9 ÷ 14,019.8 = 0.80。
　　灰吹き銀に銅2,804を加えて上銀とする。注（302）を参照。

（右は銀鈔に引替候料の上銀の数也。）

　右造出し候上銀三十一万五千八百九十貫八百匁を，元禄年中本郷におゐて引替候古銀，二十三万六千八百八貫五百目の数に引くらべ候へば，七万九千八十二貫三百目，多く相見え候。

上銀を以て引替候べき銀鈔の数事[305]

一　元禄銀　八万貫目の鈔。
一　宝永銀　二万貫目の鈔。
一　中銀　千九百五十七貫目の鈔。
一　三宝銀　十五万八千二百十七貫目の鈔。
一　新銀　二十九万二千三百七貫目の鈔。

（新銀惣数三十九万四千七百七貫目の内，二十年の間に新銭にて引替候所十万貫目，并長崎表唐人商売の料，二千四百貫目，新銀にて渡し，其新銀の鈔共をとり収め其数を減じ候て，相残る所の数此の如くに候。）

　五口合，五十五万二千四百八十一貫目。

上銀を以て銀鈔に引替候法ノ事[307]

一　銀鈔　五十五万二千四百八十一貫目。
（此の五分五の法。（銀鈔百貫目つきて上銀五十五貫目づゝ。））
　上銀　三十万三千八百六十四貫五百五十匁。
（造出し候上銀三十万六千四百十四貫七十六匁（銀座雑用銀を引渡し候外なり。）を以て，右五分五の法に引替候へば，残る所。）

---

(305)　上銀によって引き替える銀鈔。
(306)　此の如く。
(307)　上銀による銀鈔の引き替え。（銀鈔全体。）残額は「御物入」の代価。
　　　計算は，
　　　　　552,481×0.55＝303,864。
　　　　　306,414－303,864＝2,550。

二千五百四十九貫五百二十六匁。

金にして，四万二千四百九十二両余。

（右残り候所の上銀を以て，銀座買出し候地灰吹の代等の御物入のうちは償はるべき御事に候歟(か)。）

上銀を以て四度に銀鈔に引替候仕第事(308)

一　第一度

　銀鈔一貫目につきて，

　上銀四百目と銀鈔三百目と相渡し，

　銀鈔三百目は引とる。

一　第二度

　銀鈔三百目に，

　上銀百目と銀鈔百目と相渡し，

　銀鈔百目は引とる。

一　第三度

　銀鈔百匁に，

　上銀三十匁と銀鈔三十匁と相渡し，

　銀鈔四十匁は引とる。

一　第四度

　銀鈔三十匁に，

　上銀二十匁相渡し，

　銀鈔十匁は引とる。

右，

　渡し候所　上銀五百五十目。

　引とり候所　銀鈔四百五十目。

如レ比(309)に斬々に其数を減じ引替候時は，一旦に財貨の数を減じ候やうに

---

(308)　上銀による銀鈔の引き替えの仕第。（銀鈔1貫目当たり。）

無レ之可レ然⁽³¹⁰⁾候歟⁽³¹¹⁾。たとひ五分四の法又は六七分の法も此例に准ずべく候⁽³¹²⁾。

上金に改造候料の新金事⁽³¹³⁾

一　元禄金　五百十二万両余。

（元禄金千三百九十三万七千五百九十三両三分之内，宝永七年より当年⁽³¹⁴⁾迄，四年之間に新金となし候所，凡（およそ）八百八十一万七千三百五十八両三分の大数にして，残る所の大数，如レ此⁽³¹⁵⁾にて候。但し，此内十八年の間，阿蘭陀に流入り候所の数計難く候歟。）

一　新金　千百五十四万三千九百六十両。

（宝永七年より当年迄，四年の間に造出し候所の数，千百九十万両の内，二十年の間長崎表におゐて阿蘭陀人商売の料，二十五万六千四十両と，十年の間新銭にて買い収め候所十万両とを除き候数にて候。）

両口合，千六百六十六万三千九百六十両。

上金造候時増加候料の焼金事⁽³¹⁶⁾

一　焼金千三十九貫目。

（前十年之間に諸国御料私領の山々より出来り候べき数にて候。但し，一年に百三貫九百目づゝの積りに候。後十年の間出来るべき所は，こゝにはかぞへ入れず候。）

---

(309)　此の如く。
(310)　之れ無く，然るべく。
(311)　何度にも分けて銀鈔の兌換をおこなうことで，兌換率が1未満であることの印象を薄める。
(312)　異なった兌換率を用いる場合にも，ここでの例示に准じる。
(313)　上金に改造する新金。①。
(314)　1713（正徳3）年。
(315)　此の如く。
(316)　上金を造る際に用いる焼金。②。

上金造出し候大数事[317]

一　上金三百四十万九千六百両余は，

元禄金五百十二万両の内に候灰吹銀を吹去り候て造る。（元禄金一両の重さ三匁一分七厘[318]づゝの積りを以て如レ此[319]。）

一　上金六百二十八万千二百六十五両余は，

新金千百五十四万三千九百六十両を以て造る。

此内，

（四十五萬九千七百両余は，前十年の間，山々より出来る焼金を増加候て，新金一両を上金一両に造る。（新金一両に焼金二匁二分六厘づゝ，[320]）五百八十二万千五百六十五両は，新金千百八万四千二百六十両を以て造る[321]。（新金一両の重さ二匁五分づゝの積りを以て如レ此[322]。））

両口合，九百六十九万八百六十五両。

（此内，金座細工料の金を引渡す所，二十三万四千四百三十一両一分銀二匁九分。

---

(317)　上金を造る概数。③。

焼金の利用を含め，①と②の合計が，ほぼ，③に等しくなる。

上金の製造数は，

　　3,409,600＋6,281,265＝9,690,865。

金鈔と引き替える額は，金座細工料を考慮して，

　　9,690,865－234,130＝9,456,735。

本項では，上金の製造数が，古金（慶長金）の引き替え数を上回ることが強調される。

(318)　3.17匁/4.76匁の価，0.666は，元禄金の金含有率0.564/上金の金含有率0.857の価，0.658にほぼ等しい。

(319)　此の如し。

(320)　計算は，

　　4.76－2.5＝2.26。

注（266）を参照。

(321)　11,084,260両/5,821,565両の価，1.904は，上金の重量4.76匁/宝永金の重量2.5匁の価，1.904に等しい。

(322)　此の如し。

（金百両につきて二両一分十匁づ、。））
　残る、
九百四十五万六千七百三十三両二分銀十二匁一分。
（右は金鈔に引替候料の上金の数也。）
　右造出し候上金九百六十九万八千六十五両、元禄年中本郷にて引替候古金、七百六十九万八千五百両の数に引くらべ候へば、百九十九万二千三百六十五両、多く相見え候。

上金を以て引替候べき金鈔の数事(323)

一　元禄金　五百十二万両の鈔。
一　新金　千百五十四万三千九百六十両の鈔。
両口合、千六百六十六万三千九百六十両。

上金を以て金鈔に引替候法の事(324)

一　金鈔　千六百六十六万三千九百六十両。
（此五分五の法。（金鈔百両につきて上金五十五両づ、。））
　上金　九百十六万五千百七十八両。
（造出し候上金九百四十五万六千七百三十三両二分余（金座細工料を引渡し候外也）を以て、右五分五の法にて引替候へば、残り候所。）
二十九万千五百五十五両二分余。
（此残り金を以て銀座買出し候地灰吹之代、并(あわせて)二十年之間新銭を鋳られ候御物入の内は償はるべき御事歟(か)。）

---

(323)　上金で引き替える金鈔。
(324)　上金による金鈔の引き替え。（金鈔全体。）
　　　計算は、
　　　　16,663,960×0.55＝9,165,178。
　　　「地灰吹」の代等の諸支出に当てる残額は、
　　　　9,456,733－9,165,178＝291,555。

上金を以て三度に金鈔に引替候仕第事[325]

一　第一度

　金鈔百両につきて，

　上金四十両と金鈔三十両と相渡し，

　金鈔三十両は引とる。

一　第二度

　金鈔三十両に，

　上金十両と金鈔十両と相渡し，

　金鈔十両は引とる。

一　第三度

　金鈔十両に，

　上金五両渡し，

　金鈔五両は引とる。

右，

　渡し候所　上金五十五両。

　引とり候所　金鈔四十五両。

結語

本書にしるし候ごとくに，こゝにしるし候所は，上中下三法のうちの下の法[326]にて候。もし元禄の金銀をはじめ，新金新銀共の数も多出来り，焼金灰吹銀等の数も増し候て出来り候におゐては，此法を斟酌せられ，よろしく御沙汰候はゞ，上金上銀造出し候手数も久しからず[327]，引替られ候所も六七分の法を用ひられ，多くの御費共の御事もつぐなはれ候ほどの御事もあるべき事に候歟。こゝにはまず某愚存の大法[328]をあらはし候迄に御座候[329]。

───────

(325)　上金による金鈔の引き替えの仕第。（金鈔100両当たり。）
(326)　安全を見て，事態が好ましくは推移しない場合をシミュレートしている。
(327)　上金・上銀の製造に長い時間がかからない。
(328)　法・政策の大要。

正徳三年六月　日(330)

(329) 以下,「別記」における金銀の収支を一瞥するための表を挙げておく。

銀貨

上銀製造量	315,890貫目
銀座雑用銀	9,476貫目
残る	306,414貫目
銀鈔量	552,481貫目
銀鈔の5分5	303,864貫目
費用負担	2,549貫目
両者合	306,414貫目

金貨

上金製造量	9,690,865両
金座細工料	234,131両
残る	9,456,733両
金鈔量	16,663,960両
金鈔の5分5	9,165,178両
費用負担	291,555両
両者合	9,456,733両

(330) 「日」は原書で空白。注(296)に同じ。

第3章 「白石建議 六」付注

はじめに

 3篇の小篇からなる「白石建議 六」への付注である。「本朝金銀銅出し事」では，古代以来の金銀銅の産出の歴史が振り返られている。「本朝金銀の制の事」では，やはり古代以来の金・銀・銅貨の制度の変遷が問題とされている。これに対して，「本朝金銀銅外国へ入りし惣数の事」では，近世における金銀銅の海外への流出の歴史が扱われている。

白石建議 六(*)

本朝金銀銅出し事
本朝金銀の制の事
本朝金銀銅外国へ入りし惣数の事

本朝金銀銅出し事

 一 天武白鳳(1)三年(2)三月，対馬より銀を貢す。

 人皇より四十代暦数千三百三十四年を経て，我国の銀は始て出たり。延喜式(3)に大宰府より毎年，銀八百九十両づゝ貢すとみえしは，対馬より出せる

(*) 1709（宝永6）年から間もない時期の著作であると思われる「建議 六」の以下の3篇において，白石が，改貨・金銀の海外流出の制限という実践的な問題の考察のために，経済史的な研究をおこなっていることは注目される。

　金銀の海外流出の制限を論じた第3篇では，経済史的叙述に統計を大幅に取り入れていることが目を引く。こうした歴史統計（推計を含む）によって政策的主張をうらづけるという方法は，18世紀初頭において稀有なのではあるまいか。「建議八」における叙述とともに興味深い。

　なお，「本朝宝貨事略」は，この「建議 六」から派生したものであると思われる。

(1) 白雉。
(2) 652年。

所也。此のち鳥羽，堀川⁽⁴⁾の比迄、対馬より銀を出せしよしみえたり。

一　元明和同元年⁽⁵⁾春，武蔵国より銅を貢す。

人皇より四十三代暦数千三百六十八年を経て，我国の銅は始て出たり。これよりさきにも本朝にて銅を用ひられし事共見えたり。それらは皆々外国より来れる所なるべし。倭国の銅，これを始とすれば，年号をも和銅とは改らる。倭和相通じて用ゆ。

一　聖武天平二十一年⁽⁶⁾三月，陸奥国より黄金を貢す。

人皇より四十五代暦数千四百九年を経て，我国の黄金は始て出たり。これよりさきにも本朝にて黄金を用ひられし事共見えたれども，皆々外国より来れる所也。此時大仏の像を造られしに，これを装るべき料の黄金なければ，異朝に求メられんとせしに，陸奥国より始て黄金を九百両貢せしかば，悦ばせ給ふ事かぎりもなく，やがて年号を天平勝宝⁽⁷⁾とは改められたり。延喜式にも陸奥国より，毎年砂金三百五十両づゝ貢せしとあるは，世に奥州の貢金といひしもの也。其後，後白河⁽⁸⁾の比迄この貢金はまいらせし也。

一　延喜式に下野国より，毎年砂金百五十両，練金⁽⁹⁾八十四両づゝ貢せしよしみゆ。此国より金出し始は，いまだ詳にせず。

　謹按，本朝国ひらけし初より千余年を経て，我国の金銀銅始て出づ。天地の大宝を秘さる事と，又，其代の財用とぼしかりし事とをおもひはかるべき事歟。それよりのち，我国の金銀銅出るといへども，年ごとに出す所の数すくなきを以て，国用のゆたかならざる事，又，おもひはかるべし。

一　佐渡国には黄金あるよし宇治大納言物語⁽¹⁰⁾にみえたり。されば此国よ

───────────

（3）　平安中期の律令の施行細則。
（4）　鳥羽天皇，堀川天皇。いずれも，在位は平安後期。
（5）　708年。
（6）　749年。
（7）　天平勝宝への改元は749年。
（8）　後白河天皇。在位，1155～1158年。
（9）　砂金を板状に練り上げたもの。

りは昔よりありしかど、世にこれを採るべをしらざる也。近き比ほひ、上杉謙信入道(11) 彼国を攻取しよりのちに、その金を採りて国用を足す。太閤秀吉(12)、かねてより此事を伝聞て、代をしられしのちに、謙信の義子、中納言景勝を欺て、奥州に移し(13)、佐渡の国ををしとりて、金を採らむとせられしかど、金出づして程なく薨ぜられたり。慶長五年(14)、関が原の事終りし明る年より、此国の銀出ることおびたゞしともいふばかりなく、かゝる事は我国のいにしへより伝へ聞ざる所也。同き十三年(15)の比より銀出ること、はじめのごとくにはあらず。

これより年々にすくなくなりて、或はまた、黄金をもまじえ出せり。

一　石見国より黄金を出せる事其始をばしらず。これもはじめは出る事多からず。慶長六七年の間(16)より出る事多くなれり。ほどなく此国の金をとる事をば止められき。

一　伊豆より黄金白銀を出す。古は此国より出候事もきこえず。これも慶長十一年(17)の比より出て、其数大方は佐渡国より出る事のごとし。ほどなく出る事多からず候て、採ることをとゞめらる。

一　陸奥の南部より黄金出づ。これも慶長十三年(18)の比出し事殊に多くして、ほどなく出ず。

---

(10)　平安後期の散逸説話集。
(11)　戦国武将。
(12)　豊臣秀吉。
　　　ここでは秀吉の先見性が示唆されている。
(13)　景勝は会津に封ぜられた。
(14)　1600年。
(15)　慶長のこと。1608年。
(16)　1601・2年。
(17)　1606年。
(18)　1608年。

結語

　謹按，佐渡，石見，伊豆，奥州の南部より金銀を出せし事古にきかず。当家[19]代をしろしめされ候初めより出候事，本朝の古よりつゐにきかざる所也。これより此かた百年の今に至て，我国の金銀，万国のすぐれ多くして，財用のゆたかなる事，ひとり我国の古にためしなきのみにあらず。外国にも類なき事共也。今の代の人かゝる事をもしらずして，神祖[20]の恩徳我国万代の後迄に至るべき御事をもしらず。口惜しき事也。又，これによりて，我国天地の運，慶長五年[21]より新たに開らけ初りし事をもしりぬ。さらば聖子神孫[22]，よく祖業を守らせ給ひ，天下のたかきいやしき，をのをの其所を得せしめ給はゞ，神祖の御後は，天地と共に久しかるべき事，うらなはずしてしりぬべき御事也。

　又，按ずるに，神祖かくれ給ひし後にも，こゝかしこより金銀出し事代々に聞へしかど，其数多からず。わずかに佐渡，薩摩等の地より出す事あるよしを申す歟。

本朝金銀の制の事

　一　天武白鳳十二年，用₋銅銭₋廃₋銀銭₋[23]。

これよりさきの代々には物を交易する事米穀絹布を用ひき。白鳳三年，我国の銀出候より，銀銭を用ひられしとみえし。その十二年に及で，銅銭を用ひて，銀銭をとゞめられし也。但し此比（このころ）の銅は，外国より来れる所なるべし。

　謹按，これ我朝にて銀銅を宝貨とせし始歟（か）。

　一　元明和銅元年，始行₋銀銭銅銭₋[24]。（世にいはゆる和銅銭なり。）

此時より我国の銅にて銭を鋳出し，又，銀銭をも兼用ひられし也。

---

(19)　徳川家。
(20)　徳川家康。
(21)　1600年。関ヶ原の戦の年。白石は，この年，家康に天命が下ったと見なす。
(22)　家康の代々の子孫。
(23)　白鳳（白雉）は5年まで。銅銭を用い，銀銭を廃す。

一　孝謙天平宝字四年、鋳‐新銭‐(25)。

此時銅銭を改鋳らる。(万年通宝。) 又、銀銭を改鋳らる。(太平元宝。) 銀銭一を以て銅十に当つ。又、金銭を新たに造らる。

(開基勝宝) 金銭一つを以て銀銭十に当つ。

謹按、本朝、黄金を以て宝貨として通用する事の始欤(か)。

一　称徳(すなはち考謙重祚の尊号。) 天平神護元年、更鋳ι銭(26)。(神功開宝。)

一　桓武延暦十五年、更鋳ι銭(27)。(隆平永宝。)

一　仁明承和二年、更鋳ι銭(28)。(承和昌宝。)

一　嘉祥元年、更鋳ι銭(29)。(長平永宝。)

一　清和貞観三年、更鋳ι銭(30)。(饒益神宝。)

一　貞観十二年、更鋳ι銭(31)。(貞観永宝。)

一　宇多寛平二年、更鋳ι銭(32)。(寛平大宝。)

一　醍醐延喜七年、更鋳ι銭(33)。(延喜通宝。)

一　村上天徳二年、更鋳ι銭(34)。(乾元大宝。)

謹按、此のち本朝にて銭を鋳られし事いまだきかず。皆々異朝歴代の銭を用ひしとみえたり。かくて、大明永楽の天子太宗の代に及で、鹿苑院公方

---

(24)　708年、始めて銀銭銅銭をおこなう。
　　　次の「和同銭」は和同開珎。なお、以下に「富寿神宝」(818年) への言及はない。
(25)　760年、新銭を鋳る。
(26)　765年、更に銭を鋳る。
(27)　796年、更に銭を鋳る。
(28)　835年、更に銭を鋳る。
(29)　848年、更に銭を鋳る。
(30)　861年、更に銭を鋳る。
(31)　870年、更に銭を鋳る。
(32)　890年、更に銭を鋳る。
(33)　907年、更に銭を鋳る。
(34)　958年、更に銭を鋳る。

義満[35], 彼国の封壽[36]をうけらりき。その比異朝にして永楽新銭を鋳られしかば, 我国へも頒賜へり。(これ, 永楽銭我国に来りしはじめ也。)

其後, 東山公方義政[37]の世に奢侈を好みて, 国用甚だ促りしかば, 寛正五年[38], 文明七年[39], 同十五年[40], 三度まで, 大明の天子に銭を賜るべきよしを望請ひ申たる中にも, 文明十五年には, 十万貫をだに給りなば, 我国の用足りなむ, となげき申さりき。その比には, かほど迄に我国の財用はとぼしかりき。

謹按, 一説に永禄, 天文の比より, 我国にて永楽銭を通用せしといふ事あり。これは, 永楽一貫文を以て古銭四貫文に当て, 永楽銭法[41]にて古銭をも用ひしといふ事也。

一　天正十六年, 造_黄金大判小判_[42]。

織田[43]殿は, 財を生ずるの才略おはせしかば, 国富たり。秀吉[44], 又, 其才おはしたれば, 天下をしり給ひしより, 天下の財を聚斂して国用を足されき。天正十六年に新たに大判小判等を造らる。これ世に天正十六年判といふもの也。

(頭書) 又, 大仏判ともいふ歟。

但しこれより三年の前, 天正十三年[45]の秋に金賦とて大名小名に金銀を給ひしことあり。(金五千枚。銀三万枚。) さらば, 其比すでに大判小判はあり

---

(35)　足利義満。
(36)　義満が明の皇帝から日本国王に冊封されたこと。彼は「日本国王源道義」と呼ばれた。
(37)　足利義政。
(38)　1464年。
(39)　1475年。
(40)　1483年。
(41)　永楽通宝と古銭の交換比率を定め, その双方を流通させること。
(42)　1588年, 黄金の大判小判を造る。
(43)　織田信長。
(44)　ここでも秀吉の先見性が示唆されている。
(45)　1585年。

し也。これは古よりありしものにて，十六年の制とは同じからざる歟。

一　慶長四年，始造₋一分判₋[46]。

此年は，秀吉薨じ給ひし明ル年にて，関が原の前の年也。おもふに秀吉の末年より此事をたくみ出だされて，かくれたまひし後に，功訖りて[47]世に行なはれしなるべし。

謹按，以上は皆々当家より前代の事共也。

一　慶長六年[48]の後に，大判，小判，一分判，丁銀，豆板等の制改る。駿河判，江戸判などいふは，皆々造られし所を以て称す。此外に甲州判といふあり。これより後，元禄八年[49]迄，年々に造り出せし所の金銀の惣数，まづは金七千万両[50]，銀八十万貫目ほどのつもりと申す歟。

（頭書）銀八十万貫目といふはいかがあるべき。それよりは多きつもりなるべし。

一　慶長十三年十二月，止₋永楽銭₋用₋京銭₋[51]。

京銭といふは異朝代々の古銭の事也。これより永楽銭法はやみしなり。

一　寛永十三年六月，新鋳レ銭[52]。（寛永通宝。）

江戸と近江国坂本と両所にて鋳らる。これよりして本朝の銅銭ゆたかになりたり。猷廟[53]の御恩徳もまたありがたき御事也。これより後に，寛文年中又新銭を鋳られ（うらに文の字をしるさる[54]。）元禄中金銀を改造られ，其後，

───────

(46) 1599年，始めて一分判を造る。
(47) 事業が実現されること。
　　　ここでも秀吉の先見性が示唆されている。
(48) 1601年。
(49) 1695年。元禄の改鋳の年。
(50) この数値は過大であると思われる。第3篇「惣数の事」からすれば，2,000万両の誤記か。
(51) 1608年，永楽銭を止め京銭を用いる。
(52) 1636年，新たに銭を鋳る。
(53) 徳川家光。
(54) 「文字銭」のこと。

又，銀をふたゝび改造られし事，大銭を鋳られし事共は[55]，人々しれる所なればしるすに及ばず。

結語

謹按，以上の事どもを以てまづしるべし。国家の財用古には艱難[56]にして，今の賑富(しんぷ)[57]し事共を。

本朝金銀銅外国へ入りし惣数の事[58]

一　慶長五年[59]より前，上古よりの事はしばらく論ぜず。室町殿の代より信長，秀吉両代に至るまで，西国中国の地より外国へ入りし金銀の数いかほどといふ事をしるべからず。（これ一つ。）

一　慶長六年の夏，交趾の舶来れり。（その舶にのりしもの千二百人ありき。）これ当家に及で海舶の来れる始也。これより正保四年迄，四十六年が間[60]，我国の金銀外国へ入りし事いかほどといふ事はしれず。（これ二つ。）

一　慶長六年の夏，外国の舶我国へ来り始めて，寛永元年迄，二十四年の間は[61]，九州の内いづれの浦々へも心まゝに舶をよせて商売したり。東国へも舶つきて商売せし事もあり。（慶長十四年[62]に上総大瀧浦へ黒船つきし事もありき。）長崎より外にての商売を禁ぜられし事は，寛永二年[63]に始れり。

---

(55)　元禄，宝永期の改鋳のこと。「大銭」は宝永通宝の大銭。
(56)　困難。
(57)　富裕。
　　　白石は，現状に問題があっても，歴史的に見れば，全般的には国家の貨幣的富が増大していることを認める。
(58)　白石が，貨幣材料である金銀銅の海外流出の問題に関わり始めたのは，徳川6代将軍家宣の治世が開始された，1709（宝永6）年のことであった。
　　　なお，本「惣数の事」は白石にとっての近現代史に当たる。
(59)　慶長5年は，1600年。関ヶ原の戦の年である。
(60)　慶長6年は，1601年。正保4年は，1647年。したがって，この間46年。交趾はトンキン。

されば二十四年が間，諸国の浦々にて，外舶商売せし時とりゆきし所の金銀の数はしるべからず。（これ三つ。）

一　慶長六年より寛永十一年迄，三十三年の間[64]は，御朱印船とて我国の商人ども（今の呉服師共の先祖，又は富める商人共ゆるされてゆきし也。）アマカワ，ノビスパン，シャム，安南，呂宋等の国々[65]へ年ごとにゆきて商売し，此外にも私にゆきてあきなふ事年々に絶ず。其時に我国の金銀をもちゆきし事，其数いくらといふ事をしらず。（これ四つ。）

一　寛永の初迄は，今来れる国々の外に，交趾，パンチャア，安南，呂宋，ノビスパン，イギレス，カレウタ，イタリヤ，アマカワなどいふ国々[66]より，年ごとに来りあきなひしたり。其後耶蘇の法をいたく禁ぜられしより，これらの国々来る事をゆるされず。これらの国々へ持ゆきし金銀の数またしるべからず[67]。（これ五つ。）

一　寛永の初，耶蘇の法をいたく禁ぜられしより前かた三四十年が間，我国にて其法を信受せしものども，年ごとに其国々の師の許へ贈遣し礼物の金銀

---

[61] 慶長6年は，1601年。寛永元年は，1624年。したがって，この間23年。寛永2年は，1625年。
　　1624（寛永元）年に，スペイン船の来航が禁止され，1639（寛永16）年に，ポルトガル船の来航が禁止された。最終的に平戸のオランダ商館が長崎に移されたのは，1641（寛永18）年である。
[62] 1609年。
[63] 1625年。
[64] 慶長6年は，1601年。寛永11年は，1634年。したがって，この間，33年。1635（寛永12）年に，日本船の海外渡航が禁止された。
[65] 地名は，以下のとおり。アマカワ（天川）はマカオ。ノビスパンはメキシコ。シャムはタイ。安南はベトナム。呂宋はルソン。メキシコとの貿易は実現しなかった。
[66] 既出以外の地名は，以下のとおり。パンチャアはチャンパー（メコン川の下流域）か。イギレスはイギリス。カレウタはポルトガル人が用いた船。ひいてはポルトガル。イタリヤはイタリア。イタリアとの直接の貿易はなかった。
[67] 切支丹禁教を徹底するきっかけとなった島原の乱が起きたのは，1637（寛永14）年のことであった。

（これは商売の外也。）いくらといふ事をしらず。（これ六つ。）

一　近年に至りて長崎にて商売の外，私の商売に（ぬけ荷といふ事也。）外国へ入りし金銀の数しるべからず。（これ七つ。）

一　慶長の初より今年に至て，対馬国より朝鮮へ入りし金銀の数，いくらといふ事を詳にすべからず。（これ八つ。）

一　いにしへより今に至て，薩摩国より琉球へ入りし金銀の数，いくらといふ事を詳にすべからず(68)。（これ九つ）

右五条の事は，いづれも詳にすべからず。（これら某が愚なるが心づきし所也。此外にもあるべしや。）

此九条の外に，長崎一所より外国へ入りし金銀銅の大数，まづしれし所左のごとし。

一　金，二百三十九万七千六百五十両余。（正保五年より宝永五年迄，凡(およそ)六十一年の間，外国に入りし大数なり(69)。）

一　銀，三十七万四千二百二十九貫目余。（正保五年より宝永五年迄，凡(およ)そ六十一年の間，外国に入りし大数也(70)。）

一　銅，一億一万一千四百四十九万八千七百斤余。(ママ)（寛文三年より宝永五年迄，凡(およそ)三十六年が間，外国に入りし分也。但し銅は慶長六年より寛文二年迄，六十一年が間の事分明ならずといふなり(71)。）

謹按，長崎一所より外国に入り候所，六十一年が間の大数も右のごとし。ましてや前にしるせし所の，はかりしるべからざる九箇条の大数おもひやるべし。今しばらく法をたて、，長崎一所にて六十一年が間，外国へ入り

---

(68)　白石は，長崎貿易のみでなく，対朝鮮・対琉球（実質は対清国）貿易についても目を注ぐのである。

(69)　数値は，算用数字に直すと，2,397,650両。正保5年は，1648年。宝永5年は，1708年。したがって，この間60年。

(70)　数値は，算用数字に直すと，374,229貫目。正保5年は，1648年。宝永5年は，1708年。したがって，この間60年。

　なお，明治以降の整備された度量衡では，1貫は，3.75キログラム。

し大数を以て，かのはかりしるべからぬ九箇条の大数を推しはかるに。

一　金。七百十九万二千八百両余。(慶長六年より正保四年迄，四十六年が間に外国へ入りし大づもり。并(ならび)に正保五年より此かたの惣数也(72)。)

一　銀。百十二万二千六百八十七貫目余。(慶長六年より正保四年迄，四十六年が間に外国へ入りし大づもり。并(ならび)に正保五年より此かたの惣数也(73)。)

(右金銀の事は，正保五年より宝永五年迄，長崎一所にて外国へ入りし大数を二倍にして両口を都合せしつもり也(74)。)

一　銅。二億二(ママ)万二千八百九十九万七千五百斤余。(慶長六年より寛文三年迄，六十一年が間，外国へ入りし大づもり。并(ならび)に寛文三年より此かたの惣数也。これは寛文三年より此かたの数を一倍せしつもり也(75)。)

右は慶長六年より宝永五年迄，百七年の間，我国の金銀銅外国に入りし所の大数也。この大数を以て推す時は，外国に入りし金は，只今我国にある所の金の数，三分一が一に当れり。

(我国只今の新金は，古金(76)二千万両を以て造り出せし所也といふ。六百十九万両(77)を三つ合すれば，大数二千万両に近し。)銀は只今我国にある所

---

(71)　数値は，算用数字に直すと，114,498,700斤。寛文3年は，1663年。宝永5年は，1708年。したがって「寛文三年より宝永五年迄」は，45年になるはずである。慶長6年は，1601年。寛文2年は，1662年。したがって，この間61年。
　　　なお，明治以降の整備された度量衡では，1斤は，600グラム。
(72)　数値は，算用数字に直すと，7,192,800両。1648(正保5)年から1708(宝永5)年までの数値は，2,397,650両である。それを2倍すると，4,795,300両。その数値を1601(慶長6)年から1647(正保4)年まで46年の数値の推計値として，前者と後者を足し合わせると，1601(慶長6)年から1708(宝永5)年までの推計値，7,192,950両になる。
(73)　数値は，算用数字に直すと，1,122,687貫目。1648(正保5)年から1708(宝永5)年までの数値は，374,229貫目である。それを2倍すると，748,458貫目。その数値を1601(慶長6)年から1647(正保4)年まで46年の数値の推計値として，前者と後者を足し合わせると，1601(慶長6)年から1708(宝永5)年までの推計値，1,122,687貫目になる。
(74)　正保5年は，1648年。宝永5年は，1708年。

の数よりは二倍[78]ほど多く外国に入りし也。(我国の□銀[79]の数四十万貫目ならではなしといふ。しかるに外国へ入りし数，百二十万貫目ちかくなれば，我国の銀は事の外に減ぜし事なり。) 但し，此大数はよほど引入れたるつもりなるべし[80]。凡ソ外国に入りしところの金銀銅の総数，これよりは猶おびただしき事にや[81]。

---

(75) 数値は，算用数字に直すと，228,997,500斤。1663 (寛文3) 年から1708 (宝永5) 年までの数値は，114,498,700斤。それが，1601 (慶長6) 年から1662 (寛文2) 年までの数値に等しいと推定し，2倍すると，1601 (慶長6) 年から1708 (宝永5) 年までの推計値，228,997,400斤になる。

「一倍」は「二倍」のこと。当時，基数が1であったことからする表現。現代でも，「人一倍」と言う語は，「人の二倍 (人より多く)」を意味する。また，「億」は10万を意味することもあったが，ここでは，現代と同じ「億」。

(76) 「古金」は慶長金，「新金」は元禄金を指すか。
(77) 原文の「六百十九万両」は，「七百十九万両」が正しい。「近し」と言う表現からすれば，白石自身の誤認であると思われる。
(78) ここでの「二倍」は「三倍」。120万/40万＝3。第6章を参照。
(79) 「□銀」は，「新銀」なら元禄銀を指すか。
(80) 白石は，金銀について，統計が存在する時期の流出量の2倍を，主には徳川初期における流出量であると見積もっている。彼は，徳川初期において，金銀の流出が特に激しかったと考えていたことになる。金銀の産出の盛期が，海外貿易の盛期を支えていたという理解であろう。
(81) 白石が「控え目」であるとする，以上での推計を指数化しておけば，以下の表3-1になる。

表3-1 日本の金・銀貨保有量の減少

(18世紀初頭を100とした指数)

	金貨	銀貨
17世紀初頭	136	381
17世紀中頃	112	194
18世紀初頭	100	100

＊基準量は，金貨・銀貨の18世紀初頭における国内現存量。金貨流出量は補正済み。
出所：「本朝金銀銅外国へ入りし惣数の事」。

異朝ノ宝貨，古今の事を按ずるに，漢の代ほど黄金多かりし代はあらずと申伝へたり(82)。其後代々を経て，次第に金銀すくなくなりしほどに，宋の代の中比より，交鈔(83)といひて我国の紙銭の如くなる物を用ひて国用を通ずる事になりて，元朝に至てはもつぱら此交鈔ばかりを通じ用ひ，明朝に及ンで銅銭を以て交鈔に雑へ用ひて今に至れり。これ漢代より後に，金銀銅共に世に出る事多からぬが故也(84)。されば，かの国代々の人の論ぜし所は，凡そ金銀の天地の間に生ずる事，これを人にたとふれば，骨のごとし。その余の宝貨は皆々血肉皮毛のごとくなり。血肉皮毛は傷れきずつけども，又々生ずるもの也。（米穀布帛をはじめてもろもろの器物等皆しか也。）骨のごときは，一たび折れ損じてぬけ出デぬれば，二たび生ずるといふ事なし。金銀は天地の骨也。（五行のうち木火土水は血肉皮毛也。金は骨なり。）これを採りし後には，二たび生ずるの理なし。こゝを以て上古より漢代に至るまでこれを採得し後，中国の金銀ふたゝび生ずる理なしといへり(85)。又，漢代にさばかり多かりし金銀の，後代に及でうせはて候事は，五胡，五代，遼，金，元(86)の代々の乱に夷狄の地へとりゆき，又，海外諸国の商売のためにうせたり(87)。（我国のむかしより寛永の比迄，六十余州の中にて用ひし銅銭は，皆々異朝の銭也。日本一州へとり来りしばかりもおびたゞしき事也(88)。まして万国へとりゆきし事，をしは

---

(82) この一文以降，末尾まで，白石の見事な議論文の典型である。
(83) 紙幣。「宝鈔」等とも呼ぶ。
(84) 白石は，交鈔の採用を金銀の減少によるものと捉えるのである。
(85) 「米穀布帛」を始めとした，他の財が，「血肉皮毛」のように，「傷れきずつけども又々生ずるもの」であるのに対して，「骨のごときは一たび折れ損じてぬけ出デぬれば二たび生ずるといふ事なし。金銀は天地の骨也」と言える。すなわち，金銀の資源としての非更新性・枯渇性が強調される。
(86) 漢民族にとっての異民族の政権。
(87) 金銀は，貨幣材料として用いても，宝飾品として用いても，多少の磨滅を無視すれば，消費によって消失してしまうことはない。一旦生産された金銀が，減少・消失するのは，貢納や貿易によって，外国に流出してしまうからである，と白石は捉える。

かるべし。）次には，又，仏事興れるによれりと申伝へたり。（これは，異朝にてもよのつねの事に，金銀の箔などを多く用ゆる事もなく，又，殿閣等をかざるとても，金銀をちりばむる事はまれ也。仏像をつくり，仏殿，仏閣をつくるには，おびただしく金銀を費すが故也[89]。）

　これらの論によりて我国の事を考るに，此国ひらけ始りしよりのち，千余年が間は金銀銅出る事もなく，それらの代にも世はゆたかにおさまれりき。そのゝち，これらの宝貨我国に出しかど，其数は殊にすくなかりし事，又，千年に及べり。我神祖[90]の起り給ふに至りて，天地も其功をたすけさせ給ひしと見えて，我国の金銀銅の出し事，我国の事はさてをきぬ，万国の中にかゝるためしをきかず[91]。しかりとはいへども，我国土の骨一たび出てぬれば，ふたたび生ずべからざる理也。此のち千万年を経るとも，神祖の御時のごとくに，金銀銅の多く出る事あるべからず。（漢の代より後の事を以て，をしはかるべきもの也。）しかるに，それよりのち百余年が間，外国に流れ入りし所の数，かの五胡，五代，遼，金，元の代々にとぼしき中国の金銀を，夷狄の地へとりゆきし数にくらぶれば，猶万々多かるべし。かくて此後も今迄の事のごとくに，毎年に拾四五万両をうしなひなば，十年にして百四五拾万両をうしなひ，百年にして千四五百万両をうしなふべし。神祖より当代[92]に及ばせ給ひて，すでに百年におよびぬれば，これよりのち，又，百年をすぐるといふも，四五世の御ほどには過グべからず。さらば聖子神孫十世二十世の御後には，我国にて用ひ給ふべき金銀銅とぼしき事，かの異朝の事のごとくなるべし[93]。我国のむ

---

(88) 永楽通宝の流通とその停止のこと。なお，「六十余州」は日本全国を指し，その日本を世界の中で捉えれば，「一州」となる。
(89) 儒家の白石は仏家を批判する。
(90) 徳川家康。
(91) 白石は，日本の金銀の豊富さを家康の遺業とするのである。
(92) 徳川家宣を指すと思われる。3篇の文体からしても，「建議　六」は，生前の家宣への上奏文であったと思われる。家宣の死は，1712（正徳2）年。
(93) 白石の，金銀の流出に対する「危機意識」を端的に示す文章である。

かし金銀銅なかりし事，千余年がほど世もゆたかにおさまりしといへども，その代々は時代ことの外に上りて，人の心も俗もすなほなりしが故也[94]。今より百年千年の後，次第に時代も下りて，人の心も俗もうすくなりゆかむには，世はいかなるべき事にや[95]。

結語

すべて異国の物の中，薬物は人の命すくふべき物なれば，一日もなくてはかなふべからず[96]。これより外無用の衣服玩器の類の物に，我国開け始りしより此かた，神祖の御代に始て多く出たりし国の宝をうしなはむ事[97]，返す返すも惜むべきの事也。我国万代の後の代迄の事を思しめされ，神祖の御心をもて御心となされんには，今の時に及びて，その御心得あるべき事，ありがたき御めぐみなるべし。さらば，をのづから神祖の御後は，天地と共に長く久しくおはしまして，その世々も民ゆたかに国おさまりぬべき事，掌を見るがごとくなるべし[98]。

---

(94) 古代人の純朴・素朴さを言う。

(95) 白石は，時代の変化に応じて，「人の心」や「俗」が変化していくことを認識していた。ここでは封建的な個人間における濃密な紐帯の弛緩を考えているのであろう。

そうした世俗化の進行のもとで，貨幣材料である金銀の不足は大きな問題をもたらすという理解である。

(96) 「薬物」のうち，白石の主な関心は人参にあった。

(97) この叙述は，「本朝金銀銅出し事」における考察を受けている。

(98) こうした白石の議論によって設けられたのが，「海舶互市新例（長崎新令）」(1715（正徳5）年) であった。「新例」は，「鎖国」体制下での，幕府による貿易の統制・管理を再構築する政策であった。

第4章 「白石建議 七」付注

はじめに

　本章では，新井白石の「白石建議」の内から「建議　七」を紹介する。

　白石の経済論が，首尾の通った論考として展開されているのは，「建議」の「四」～「八」においてである。その内，「建議　七」，すなわち「改貨後議」（1714（正徳4）年）は，老中を直接の読者と想定して叙述がなされている。「建議」の「四」「五」「八」（「改貨議」1713（正徳3）年）では，「専門家」向けといった調子で議論がおこなわれている。これに対して，「改貨後議」では，議論は，嚙んで含めるような調子でおこなわれているのである。

白石建議　七（「改貨後議」）(*)

金銀銭通用の事

　金銀銭等の事を論じ候には，金銀銭の三品(1)を通じ用ひ候子細を覚悟(2)すべき事に候。もし此覚悟もなくして，或は金の一品につきて論じ，或は銀の一品につきて論じ，或は銭の一品につきて論じ候は，其一品を用ひ候所を

（*）　正徳の改鋳は，白石が，「過ぎにし五月より，金銀改造られて，世に行なはれし」（『折たく柴の記』p. 383.）と述べるように，1714（正徳4）年5月に開始された。「建議　七」，すなわち「改貨後議」は，同年，そうした正徳の改鋳に対する批判への反論として書かれた。

　　「まづ改貨後議をしるして，この議をもて，老中の人々に見せらるべし。「此人此人の心服せざらむには，事行はれ難し。」……」（『折たく柴の記』p. 386.）
　こうした成立時点からして，以下では正徳金・銀が，新金・銀と呼ばれている。また，正徳の改鋳で金鈔・銀鈔の発行がおこなわれなかったため，「建議　五」でなされたそれらの発行構想への言及はない。

（1）　3種類。
（2）　知る。

論じ候と申すものにて，通じ候と申す義を闕候(かき)によりて(3)，其論じ候所皆々其理(り)(4)にあたらざる事に候。これにより，まず金銀銭通用の大意をこゝにしるし候。

第一　金を以て上幣(5)とし，銀を以て中幣(6)とし，銭を以て下幣(7)とし候事は，古よりの事にて，倭漢(8)共に其代々の法制相同じからざる事どもは事長く候て，しかも今日の用ひにもなり難き(9)事に候を以て，此事は論ずるに及ばず候。我国の宝貨の法は，東照宮(10)御治世の初に一変し候てより此かた，

――――――――――――――――

（3）　白石は，ここで，貨幣の価値ないし貨幣による財の購買力の相互依存性について述べる。

　　　貨幣の価値の大きさは，その貨幣自身によってのみ決定されるのではない。すなわち，金貨・銀貨・銅銭の価値の大きさは相互依存の関係にある。例えば，金貨の価値が高まれば，銀貨の価値は，相対的に低下する。一方，銀貨の価値が高まれば，金貨の価値は，相対的に低下する。白石は，問題を1本1本の独立した方程式の寄せ集めとして解こうとしているのではなく，1組の連立方程式として解こうとしているのである，と言える。

　　　「通じ」は，金・銀・銭が，相互に交換されつつ流通すること。
（4）　ことわり。道理。近代風に言えば論理。
（5）　上等の貨幣。
（6）　中等の貨幣。
（7）　下等の貨幣。
（8）　日本と中国。
（9）　今日の役に立たない。
（10）　徳川家康。

　　　なお，「建議　六」の「本朝金銀の制の事」では，家康政権に先立つ織豊政権下の事情について，次のように述べられている。

　　　「一　天正十六年造＿黄金大判小判＿

　　　織田殿は財を生ずるの才略おはせしかば，国富たり。秀吉又其才おはしたれば，天下をしり給ひしより，天下の財を聚歛して国用を足されき。天正十六年に新たに大判小判を造らる。これ世に天正十六年判といふもの也。

　　　（頭書）又大仏判ともいふ歟。」

　　　文中，「黄金大判小判を造る」。天正16年は，1588年。

唯今に至るまで，皆々其法によられ候御事に候。(其年月の事は，金銀座[11]のものに相たづね候へども，其申す事どもたしかならず候。大やうは慶長六年[12]より後の事と相きこえ候。) 慶長の初に小判を造出され[13]，其重さ四匁八分を以て一両と定められ，(大判はこれよりさきに出来しと申す。小判は慶長四年[14]に始るとも申し，同五年[15]に始るとも申す。按ずるに，慶長六年の事なるべし。又，金一両の重さの事も，四匁七分三厘とも申し，四匁七分六厘とも申す。その大数を以て，まづは四匁八分と申す事[16]にて一定し難き事は，すなはち東照宮の神慮なりと申し伝ふる所に候。詳なる事は下に見ゆ。) 一両の金は銀にしては六十匁[17]に当り，銭にしては四貫文[18]に当てられ候へば，凡そ金の価，銀にまさり候事，十二割余[19]，(これ金の重さ一匁は，銀十二匁余に当るを以てなり。) 銭にまさり候事，八百四十割[20]，(これ金の重さ一匁は，

---

(11) 金座・銀座ともに江戸と京都におかれた。ここでは，江戸の金座・銀座のことであろう。

(12) 1601年。慶長は，1596〜1615年。

(13) 慶長小判の発行は，1601（慶長6）年に開始された。注（10）のように，大判・小判そのものは，徳川以前の天正年間から鋳造されていた。

(14) 1599年。

(15) 1600年。

(16) 白石自身，「建議　五」では，慶長小判の重量を，4匁7分6厘であるとしている。1匁は，明治時代に整備された度量衡では，3.75グラム。分は匁の10分の1。厘は分の10分の1。4.76匁は，17.85グラム。4.8匁は，18グラム。

(17) この金1両＝銀60匁と言う公定レートを，白石は，貨幣制度の根幹をなすものとして重視する。

(18) 1貫文は，1,000文。1貫文の重量は，3貫840匁。1貫（1,000匁）は，明治時代に整備された度量衡では，3.75キログラム。注（35）を参照。

(19) ここでの「割」は，「倍」の意味。
計算は，
60÷4.8＝12.5。

(20) ここでの「割」も，「倍」の意味。
計算は，以下になるか。
3,840÷4.8＝800。

銭八百四十文に当る故也。一銭の重さ，すなはち一匁也。）銀の価は銭にまさり候事，六十四割[21]，（これ銀一匁に銭六十四文に当るが故なり。）これすなはち，金銀銭をのづから其品の高下あるによりて，をのをの其価を定められ候所歟。まづ此等割増の数を以て，金の品の銀にまさり，銀の品の銭にまさり候所を，よくよく心得べき事に候。（永楽銭[22]を停止せられ，京銭[23]を用ひられ，そのゝち，寛永通宝銭[24]を用ひられ候仕第は，しるすに及ばず。）

第二　金銀銭を用ひ候法は，金はもとより其品たつとく候によりて，その形の大小を以て用ひ候物に候[25]。（たとへば，小粒[26]四つにて小判一両につりあひ，小判七両余にて大判一枚につりあひ候類。）銭はもとより其品賤しく候によりて，たゞ其数の多少を以て用ひ候物に候。（古銭新銭等をもえらばず，大小軽重にもかゝはらずして，只其数を以て通用候[27]。）銀は金と銭との間にはさまり候て，其品もとより賤しからず。また甚だたつとからず。其形の大小にも其数の多少にも相拘はらず，たゞ其重さの軽重を以て用ひ候物に候[28]。（金と銭とは，度々に秤にかけ候て用ひ候物にはあらず候。銀に限りては，必らず秤にかけ候て用ひ候事は，其軽重を以て用ひ候物に候故にて候。）これすなはち，金銀銭其品おのづから相わかれたち候て，其用ひ候所もをのをの同じ

---

(21)　ここでの「割」も，「倍」の意味。
　　　計算は，
　　　　3,840 ÷ 60 = 64。
(22)　明代に鋳造された銅銭。第1章の注（141）を参照。
(23)　明代に中国南方で私鋳された銅銭。第1章の注（142）を参照。
(24)　1636（寛永13）年以降に鋳造された銅銭。
(25)　金貨は計数貨幣である。しかし，白石は，金貨においてはその重量・品位が問題となる点で，注（27）で見るような銅銭における場合とは事情が異なることに注目する。金貨の大小が問題とされるのは，後出のように，宝永金（乾字金）と慶長金・正徳金との比較が念頭にあるからである。
(26)　小粒金。一分金のこと。
(27)　銅銭が，その銅としての価値から離れ，完全に章票化していることの指摘である。
(28)　銀貨が秤量貨幣であることを言う。

からざる所に候。

　第三　金銀銭を通じ用ひ候法は，金は其形の大小を以て用ひ候物に候へば，一両の金は銀六十匁には通じ用ひ候へども，六十一匁の用にも通じ用ゆべからず，五十九匁の用にも通じ用ゆべからず。一分の小粒も銀十五匁の外に通じ用ひ難き事，又これに同じく候。（たとへば，高貴の人の，いやしき事には通じ用ひがたく候事のごとし(29)。）銭はたゞ其数の多少を以て用ひ候ものに候へば，金にかへ銀にかへ候て通じ用ひ候所におゐては，相妨る所なきやうには候へども，もとより其品下りたる物にして，其数多きに至ては，其質の重きに堪ず候へば，通じ用ひ難き所ある物に候。（たとへば，下賤のものゝ，上ざまの事には通じ用ひ難き事のごとし(30)。）銀におゐては，其品たつ（貴）ときと賤しきとの間にたちて，其重さの軽重を以て用ひ候物に候へば，其大数(31)万貫目と申すよりして，一分一厘の小数(32)に至る迄，通じ用ひられずといふ所なく候を以て，金といひ銭といひ其通じ用ひられがたき所は，皆々銀によりて其及ばざる所を相たすけ候物に候を以て，凡そ天下の財宝通用の事におゐては，銀を以て其大本とは仕る事に候(33)。これによりて万物の価も，皆々銀を以て相定め候事に候(34)。

---

(29) 上幣である金貨は，銀貨に代替しうる。しかし，計数貨幣である金貨が代替し得る銀貨の量は，限られている。それは，高貴な人を下賤な人の仕事には用いられないようなものである。

(30) 下幣である銅銭は，随意に金貨や銀貨と交換出来るように見える。しかし，実際には，多量の銅銭は重いので，その交換には困難が生じることになる。それは，下賤な人を高貴な人の仕事には用いられないようなものである。

(31) ここでは，「大きな数」の意味。

(32) ここでは，「小さな数」の意味。

(33) 秤量貨幣である銀貨は，価格の表現において，小額のものから高額のものまでに対応出来る。中幣である銀貨は，上幣である金貨では対応しにくい，金貨としては小額すぎる価額の表現にも，下幣である銅銭では対応しにくい，銅銭としては高額すぎる価額の表現にも，用い得るのである。

(34) 諸財の価格は，銀貨によって表現されるのである。

第四　金銀銭の三つ，其品上中下候と申す事も，相通じ用ひ候上につきて相見え候事に候。たとへば，金一両の重さ四匁八分候ものゝ，銀の重さ六十匁に当り候を以て，金の品の銀よりはたつとき事を知るべき事に候。又銀の重さ六十匁候ものゝ，銭四貫文の重さ三貫八百四十匁に当り候を以て，（これ一銭を以て一匁とし，九十六銭を百文とし候故にて候(35)。）銀の品の銭よりたつとき事をも知るべきことに候。もし，此等の三つの宝，相通じ用ひ候事もなく，たゞ其一品につきて見候はんには，いづれの所におゐて其品の高き所をも，其品の下り候所をも，わきまへしらるべく候歟。此故に天下の財を論じ候には，まづ通用(36)と申す義(37)を覚悟すべき事とは存候(38)。

第五　金銀銭三つの中，金と銀とは其地方の風俗(39)によりて，通じ行はれざる所ある事に候。これによりて，専ら金を用ひ候所にては，銀をたつとび候事を知らず。専ら銀を用ひ候所にては，金をたつとび候事を知らず候。これすなはち，其用の相通ぜざるによりて(40)，其品のたつとき事をわきまへざるが故に候。西方の国々(41)にては，専ら銀を用ひ，（中国，四国，九州又は南海，北陸の国々にても，半は銀を用ひ，物の価をも一分二分など定めて，銀(42)を以て商売し，召つかひ候男女をも，給銀とて銀を以て給分とし候事に候。）東方の国々(43)にては，専ら金を用ひ候。（陸奥(44)出羽(45)の地にては，専ら

---

(35) 銅銭96枚を100文とした。ここでの計算は，4,000文では，
　　　96×40＝3,840。
　　すなわち，3貫840匁となる。
(36) 3種類の貨幣が，交換されつつ流通すること。
(37) 意味。
(38) 天下の富について論じるときには，貨幣の価値（購買力）の相互依存性について知る必要がある。
(39) しきたり。ならわし。
(40) 金貨と銀貨との双方が流通して，相互に交換されるということがないので。
(41) 西日本。
(42) 原書に「銭」とあるが，「銀」で意味が通る。
(43) 東日本。

一分判を用ひ候て，小判をも用ゆる事をしらざるもの候。まして，銀などの事は目に見候事もなきもの共候[46]。）銭におゐては五畿七道[47]皆々相通じ用ひ候といへども，陸奥出羽の地方にては，丁銭[48]をのみ用ひ候事に候。京都の事は申すに及ばず，畿内の国々は上古より此かた，七道の国々の人来り集り候都会にて，其地の人，工商の利を以て天下に相通じ候事に候へば，金を用ひ候国々には金を通じ用ひ，銀を用ひ候国々には銀を通じ用ひ候て，三つの宝相通じ用ひずといふ事なく候。関東の国々も，当家[49]世をしろしめされ候に至て，上方の工商共の移り来り候に随ひて，金銀共に相通じ用ひ候事に習ひ候へども，銀の事におゐては其利用ある事をよくわきまへ知り候事は，西方の国々の人に

---

(44) 青森・岩手・宮城・福島と秋田の一部。
(45) 陸奥以外の秋田と山形。
(46) いわゆる「金遣い」圏と「銀遣い」圏の存在についての指摘である。白石は，『折たく柴の記』において，次のように述べる。

「古より東国の方には金と銭とを通じ用ひて，銀をば用ゆるにも及ばず。西方の国々にては，むねとして銀を用ひて銭をもて其用をたすく。然るに多くの新銀ども出来しかば，西方の国々にしては，其患殊に甚しければ，彼谷が議せし所も，まず銀の事をむねと申す也。されど……「銀改りぬとも，金改らざらむには，つひには其価平かならじ」とおもひしほどに，我ひそかに美雅に議りて，金の事をも併せ論ぜしむ。」（『折たく柴の記』pp. 348-349.）

ここで，「谷」は，谷長右衛門。白石に宝鈔の発行に関する意見書を送った堺の商人。「建議 四」を参照。「美雅」は，菅美雅（萩原源左衛門）。幕府の勘定吟味役。

金銀の相場が，銀高になれば，金遣い圏の市場における銀遣い圏の製品の金での価格は上昇する。銀安になれば，金遣い圏の市場における銀遣い圏の製品の金での価格は低下する。金銀の相場は，今日の円・ドルの相場のような，外国為替相場的な面をもっていた。

なお，当時，江戸に比べて，上方が経済先進地帯であり，酒等，各種の財で品質の良い製品は，上方で生産されて江戸に下ってくるもの（「下り」）が多かった。したがって，金よりもむしろ銀が基軸的な貨幣であったことにもなる。注(58)を参照。
(47) 日本全国。後出の「六十六州」に同じ。
(48) 銅銭96枚ではなく，100枚を100文として通用させること。注(35)を参照。
(49) 徳川家。

は及ばず候歟。(第三条に見え候ごとくに，天下の財宝通用の大本と申すものは銀の事に候を，東国の人はその大本におゐて明らかならぬ所候によりて，財用(50)の事を論じ候は，其理にあたらざる事共，多く相見え候。いにしへより，京都并に伊勢の国の人は，財利(51)の事にさとく候由を申伝候き。猶今もそのごとくに候て，京都，伊勢の商人の六十余州の間にいたらぬ国々もなく候(52)。又，むかしより東国の人は，武勇の事を以ては，天下にすぐれ候よし申伝候得ども，財利の事におゐては，天性の得ぬ所ありと見え候。これすなはち，物はふたつながら全き事を得がたき謂と申すべく候。ましてや君子は義にさとく，小人は利にさとし(53)，と申候へば，しかるべき人々の，これらの事につきて，下ざまのものにあざむかれ候事は，もとよりの事と申すべく候歟(54)。)

金銀の法弊れ 并 物価高くなり候事

元禄年中金銀の法を改められ候事，其品(55)を引下され候(56)上は，可レ然(57)事あるまじきは論ずるに及ばず候。しかれども，金銀をのをの其品を引下され候仕第，慶長の初に割合せられ候法意をうしなはれず候はんには，其害甚しき事には至るべからず候歟(58)。然れば，金銀の事を論じ候には，をのづから其品の高下ある所を覚悟すべき事に候。況や又，万物の価は，金と銀とを以て易候所につきて相定る(59)事に候上は，金銀の品相みだれ候に就ては，万物の価も平かなるべからざる(60)事，これ又，あやしむにたらず候。こゝを以て，金銀の品にをのづから其高下ありて，万物の価これによりて高下する(61)ことの由を，こゝにしるし候。

---

(50) 貨幣。
(51) 営利活動。
(52) 京商人はもとより，松坂などの伊勢商人は有名。
(53) 『論語』里仁篇にある言葉。
(54) 取引における武士の智恵が商人に及ばないと言う認識は，荻生徂徠の『政談』の基調をなしている。
(55) 品位。

(56) 元禄の改鋳が悪鋳であったこと。表1-1・表1-2（再出）を参照。元禄は，1688～1704年。改鋳は，1695（元禄8）年。

表1-1　金貨（小判）の品位・重量の変遷

	金（％）	銀（％）	重量（匁）
慶長金（1601）	85.7	14.3	4.76
元禄金（1695）	56.4	43.2	4.76
乾字金（1710）	83.4	16.6	2.50
正徳金（1714）	85.7	14.3	4.76

*「乾字金」は「宝永金」のこと。乾字金の含有金量を，単純に重量4.76匁の金貨のそれとすると，その金品位は44.3％になる。したがって，その値は元禄金より低い。
**各金の品位は出所文献の数値を四捨五入して，小数点第1位までを示してある。重量に関しては，各文献で一致した数値が挙げられているが，品位に関しては，異なった数値を挙げる文献（国史大辞典編集委員会編（1979-1997）等）も多い。
すなわち，金含有率で以下の数値である。
　慶長金　　　　　　86.8
　元禄金　　　　　　57.4
　乾字金　　　　　　84.3
　正徳金（武蔵判）　84.3
　同（享保小判）　　86.8
***名称横の（・）内は，発行開始年。
出所：品位は，瀧本（1923）の次の頁。p. 113, pp. 129-130, pp. 146-147. 重量は，「白石建議」。

表1-2　銀貨の品位の変遷

	銀（％）	雑分（％）
慶長銀（1601）	80	20
元禄銀（1695）	64	36
宝永銀（1706）	50	50
二宝字銀（1710）	40	60
三宝字銀（1710）	32	68
四宝字銀（1711）	20	80
正徳銀（1714）	80	20

*「二宝字銀」は，「中銀」とも呼ぶ。
**三宝字銀の発行は，1711（正徳元）年まで。同年，四宝字銀発行。四宝字銀は，1712（正徳2）年まで発行された。それらは，正徳期の発行でも，荻原重秀の政策による。
***名称横の（・）内は，発行開始年。
出所：「白石建議」。同一の数値は，瀧本（1923）の次の頁。p. 113, p. 127, pp. 146-147.

(57) 然る可き。

(58) たとえ金・銀貨の品位を引き下げたとしても，慶長期に決定されたその両者の品位を基準として，引き下げ率を均等にすれば，改鋳の禍はこんなに大きくはなかったであろう。例えば，金貨の品位を，0.86×0.7に引き下げるのなら，銀貨の品位は，0.8×0.7にすべきであった。

　以上のようにすれば，金銀の比価は変わらず，その比価の変化にともなう経済の混乱は起きなかった，という含意がある。もちろん，金銀の比価が変わらなくても，金・銀貨共に高品位の旧貨が蓄蔵に回されるという問題は起きる。しかし，金遣い圏と銀遣い圏との関係において，金銀の比価の変化による物価の変動という悪影響が，一方に不均等に現れるという問題は生じない。金銀の比価の問題は，東西日本の統一政権である幕府にとって重要な問題であったのである。

　白石は，注（129）で見るように，金・銀貨の同時改鋳を実現するという政策課題からして，金銀の比価の問題に焦点を当てるのである。

第一　元禄年中金銀の法を改められ候へども，其通用の法をば，もとのごとくに金一両を以て銀六十匁に当べき由を定められ候き。然るに，世の人ひそかに金銀の品を論じ定め候て，金はむかしにくらべ候に，其品大きに下り候。銀はむかしには及ばず候へども，金にくらべ候時は其品まさり候由にて，銀をたつとみ金を賤しみ候[62]事によりて，（金一両の重さ四匁八分の内にて金は三匁一分七厘[63]ありて，其余一匁六分三厘は銀をまじえ入れ，銀は六十匁の内にて銀三十八匁四分ありて，その余二十一匁六分は銅をまじえ入れられ候をもつて也[64]。）其品高かるべき物は下り，其品下るべき物は高くなり候事[65]，

---

(59)　金・銀貨の比価が変わったとき，高くなった方の貨幣で表示する価格は低下させないであろうから，安くなった方の貨幣で表示する価格を上昇させざるを得ない。物価を能動的に決定していく貨幣は，安くなった方の貨幣であることになる。

　　例えば，「金高銀安」の場合，上方の販売者がその製品を，「金高銀安」前と同額の銀貨で売れば，金に換算したとき，より少ない金貨にしかならない。そうした事態を避けようとすれば，その製品の銀貨での価格を上昇させるしかない。同様の事態が頻出すれば，銀遣いの上方で，銀貨での物価が大きく上昇し，銀貨の購買力が低下していくことになる。

　　なお，ここで，白石は，改鋳の影響が，まず貨幣市場（両替市場）に現れ，それが財市場に波及していくという事態を想定している。すなわち，まず，貨幣市場で「金高銀安」が起き，それに引き続いて，財市場で「金高銀安」への対応として，銀での物価の上昇がなされるという事態である。両替商達の幕府の貨幣政策の変更に対する反応の速さに注目した理解である。

(60)　安定しない。

(61)　金・銀貨の品位の乱れによって，物価が変動する。

(62)　ここでは，元禄の改鋳において，金・銀貨の内，悪鋳の度合いの大きかった金貨の対銀貨価格が下がり，悪鋳の度合いの小さかった銀貨の対金貨価格が上がったことが注目されている。

(63)　ここでは，金の含有率は，66％になる。表1-1の数値とは異なる。同表から計算すると，含有金量は，

　　　　$4.8 \times 0.564 = 2.71$。

　　すなわち，2匁7分1厘である。

(64)　銀の含有率は，64％。これは表1-2の数値と同じ。

たとへば天地の位をかへ候ごとくになり候ひき。これ金銀の法破れ候て、万物の価増しくはゝり候事の始にて候。（これ慶長の法の金の価は、銀よりは十二割[66]余高かるべきつりあひを覚悟せずして、みだりに古法を改め候あやまちに候歟。）

　第二　宝永[67]より後に及びて、銀の品を引下され候といへども、猶又、金の品と其高下相わかれ候ほどの事に至らず[68]。況又、其後金の品はむかしのごとくになされ候といへども、其形の大にむかしの金に同じからず候へば[69]、其通用はむかしのごとくならず。銀の品は次第に下り候[70]につきて、世の人、又ひそかに其品を論じ定めて、銀を賤しみ候事の甚だしきに過ぎ候を以て、金銀の品ふたゝびあひやぶれ、万物の価もふたゝび相増しくはゝり候き[71]。（これ又、金銀の品に高下あるべきつりあひを覚悟せずして、みだりに法を改め候故に候歟。）

　第三　元禄年中金銀の品改り候て、万物の価増し加り候事は、金銀通用の法はむかしのごとくに金一両を以て銀六十匁に当られ候へども、世の人金を賤しみ銀を貴とび候事によりて、其通じ用ひ候所は、一両の金わづかに銀五十四匁

---

(65)　上幣である金貨の品位がより大きく下がり、中幣である銀貨の品位はより小さく下がったこと。

(66)　倍。

(67)　宝永は、1704〜1711年。

(68)　銀貨の品位を引き下げたが、金貨の品位の銀貨の品位に対する低さは、解消されなかった。

(69)　宝永金（乾字金）で、品位は改善されたものの、重量が大幅に減少したこと。表1–1を参照。金貨の改鋳は、1710（宝永7）年。

(70)　表1–2を参照。宝永銀以下が宝永期以降の鋳造。
　「当時行はるゝ銀共は、名こそは銀にてあるなれ、実には銅の銀気あるにも及ばざれば、大坂のものどもして其銀とらせむに、何事かあるべき。」（『折たく柴の記』p. 352.）

(71)　銀貨の品位の低下によって、金・銀貨の比価が変わり、また物価の上昇が起こった。

に当り候を以て、（銀五十二匁迄になり候事も候ひしかども、五十四匁はよのつねの価[72]に候。）たとへば、其価の銀六十匁の物の代として金一両を請取候ては、たち所に五六匁の損失に及び候を以て、其価を増して六十五六匁に売り出さゞる事を得ず候き[73]。況又、其比物によりては運上を召され候[74]といふ事出来り候ひしかば、運上に奉るべき程の価を増しくはふる事も出来りて[75]、かしこに増しこゝに加り、日々に価貴からざるものもなく候き。其後運上の事は停止せられ候といへども、此時に至ては運上召れず候物も、皆々其価増し加り候ひし上は、運上停止せられ候物も其価を減じ候にも及ばず[76]。時勢また一変し候て、銀の価甚だ賤しくなり来り、九十四五匁の銀も金一両に相当り難く候ひしによりて、つゐに、諸物の価相減ずべきやうもなく候き[77]。

　第四　異朝にしては中世[78]より此かた、宝鈔[79]と銭とを通じ用ひ来り候由に候[80]。我国にても近世に及びこゝかしこの国郡[81]にて、紙札[82]といふものを以て其国郡に通じ用ひ候は、すなはち彼の宝鈔の法に相同じき事に候[83]。

---

(72)　普通の価格。

(73)　「金安銀高」という条件下では、それまで金貨によって財を販売していても、価格を金貨ではなく銀貨で表示して、銀貨で販売する必要がある。
　　　「金安銀高」のもとでは、銀貨に換算して損をしないためには、金貨による価格を上昇させなければならない。しかし、金貨では小さい価額の変化は表現出来ない。このことが議論の前提になっている。「金銀銭通用の事」の第三を参照。ここでも、金・銀貨の改鋳基準の不揃いによるその比価の変化が、物価の上昇・下落の原因であるとされている。

(74)　決められた物については運上を課す。運上は、商・工・運輸業者などに課せられた営業税。

(75)　運上がそれぞれの価格に転嫁され、物価が上昇した。

(76)　運上が廃止されても、価格は低下しなかった。

(77)　「金安銀高」が「金高銀安」に反転することによって、「金安銀高」のときに起きたのと同型の物価上昇のプロセスが生まれた。
　　　宝永期以降における銀貨の悪鋳の激しい進行については、表1-2を参照。

(78)　本格的には元代。

(79)　紙幣。

しかれば、たとひ其品下り候金銀に候とも、当時におゐて其法を改定られ、天下に通行すべき由御沙汰候上は、六十六州(84)の人、誰かは其法に違ひ背く事の候べきや(85)。しかるに、金銀の法相改り候度ごとに、世に通行し候所の金銀の価、相高下し候事は、両替の事を以て家業とし候もの共、をのをの其利を相謀り候て、ひそかに金銀の品を論じ定め、その定め候価の外には売る事をも買ふ事をも得ず候によりて(86)、金ある人は銀と銭とにかふべき所なく、銀ある人は金と銭とにかふべき所なくして、金銀銭三つの宝相通じ用ひ難く候ひしかば、農工商の類(たぐひ)は申すに及ばず、武士といへども、両替の者共の申す旨に任せざる事を得ず候によりて、つゐに天下の利権は両替の者共の掌の中に落候て(87)、天下の大法といへども、わづかに一国一郡を領し候人の紙札を以て、その領内に通じ行ひ候事にも似す候事、其是非を論ずるに及ばず候歟(か)(88)。(凡(およそ)武士たるほどのものども、金銀の品の高下など申す事は、もとよりわきまへ知る所にあらず候(89)。前条に見え候ごとくに、専ら金を用ひ候国々にては、銀のたつとき(貴)事をもしらず、専ら銀を用ひ候国々にては、金のたつとき(貴)事をもしらず候へば、農工商の類(たぐひ)と申せども、金銀の品に高下ある事を論ずるに及

---

(80) 白石は、中国では、宋・元代において交鈔が用いられて以降は、銭と紙幣とが主に流通していると認識している。
(81) 藩。
(82) 藩札。
(83) 藩札の発行は、1630（寛永7）年の福山藩に始まる。1707（宝永4）年には、「札遣い停止令」が出された。
(84) 日本全国。
(85) たとえ品位が下がったとは言え、金・銀貨が法にしたがって円滑に流通しないことは論外である。
(86) 両替商達は、金銀銭についての相場の変動の起点となっている。
(87) 以上、金銀銭の売買をおこなう両替商が、改鋳の受益者となって巨利を得、経済的な実権を握るに至ったことを述べる。
(88) 金・銀貨・銅銭以外に藩札が存在している。藩札は各藩で流通しているのに、金銀の円滑な流通が両替商によって妨げられているのは問題である。

ばず候は,勿論にて候。然るに,金銀の品を高下し,その価を論じ定め候事は,皆是両替のものゝ,其利を求むべきがために申行ひ候事に候。その余の商人は申すに及ばず,農工の類もまた,をのをのその利をうしなひ候まじき事をあひ謀り候上は,諸物の価相増し候事,そのいはれなきにあらず候(90)。すべてこれらの事,よくよく其源を尋ねきはめられ,其源を塞ぎて,其流を通ぜられ候御沙汰など申す事もなくして(91),たゞひたすらに金銀の品下り候事のあやまちのみと議定あるべきは,其一つをしりて,其二つをしらざる論(92)とも申すべき歟。)

金銀の法むかしに復され候に就て浮説(93)多き事

今度金銀の法,慶長の法のごとくになし返され候御事(94)は,金銀の品を始めて,其通じ用ゆべき法(95)に至る迄,ことごとく皆其正しき所を得候て,元禄以来の金銀も又,をのをの其品に随ひ相通じ用ひられ,つゐには天下の

---

(89) 武士は,金・銀貨の品位の変化などにこだわるべきではない。
　　武士にとって,貨幣とは財の流通の道具に過ぎず,高品位の金・銀貨の蓄蔵などに走ってはならない。白石の武士像を示す一文である。
(90) 両替商の行動が原因となって,商人,さらには農工の人々が,利益を失うまいとして行動するから,物価が上昇するのは理由のあることである。
　　白石は,両替商を非難する。財を生産することよりは財を売買することが,財を売買することよりは貨幣を売買することの方が,富を蓄積する力が大きいことは,前近代において,洋の東西に共通した事柄であろう。近代においても,少なくとも『ウージェニー・グランデ』の世界ではそう言える。
(91) ここでは,諸財の価格の上昇を防ぐため,両替商の行動を規制する法が必要であることが含意されている。
　　なお,ここで,白石は,両替商の得た「姦利」を批判しているのであって,金・銀・銭の3者が「通じ」る場である,貨幣市場(両替市場)の意義そのものを否定しているのではない。
(92) 金・銀貨の品位の低下が,物価上昇の1つ目の要因であるとすれば,人々の利益を求める行動が,その2つ目の要因である。
(93) 根拠のない噂。風評。

宝その宝とする所を得べき事共に候(96)。しかるに，今度の御沙汰仕第，不ㇾ可ㇾ然(97) 御事候由，非議(98)し申す人々候事は，もとより国家財用の道(99)など申す事をもわきまへ知られざる人の，一時の利を貪(むさぼ)り候もの共のために欺き誤まられ候て，それらが申す所の浮説の事を信とし，用ひられ候故と相見え候を以て，其一二を，こゝに弁じ明らめ候。

第一　只今迄の金二両を以て新金一両に当られ候(100) 事は，世の人其財の半を減ぜら候由。此説を信用し候事は，金を通じ用ひ候法をも，金銀を通じ用ひ候法をも，わきまへぬ人のあやまちと申すべく候歟(か)。（此の通用の法は，前条に見ゆ。）金の事は其形の大小を以て通じ用ゆる物に候へば，其数の多少を論じ候事，銭を用ひ候ごとくなる物にはあらず候(101)。まず金を通じ用ひ候法につきて論じ候はゞ，小粒四つと小判一両とは，其数を以て論じ候時は，四つと一つとの多少同じからず候へども，其用ひ候所は金一両にて候事は相同じく候。又，小判七両余と大判一枚とは，其数を以て論じ候時は，七つと一つとの多少同じからず候へども，其用ひ候所は金七両余にて候事は相同じく候事のごとくに，只今迄の金二両と新金一両とは，その数は二両といひ一両といふ事の多少は候ども，むかしより定め置れ候所の金一両(102)に候事は相同じき事に候。いづれの所におゐてその半を減じ候所はあるべく候歟(か)。次に，金銀通じ用ひ候法につきて論じ候はゞ，只今迄の金二両を以て只今迄の銀百四十匁余にかふべき事に候(103)。新金一両を以て只今迄の銀にかへ候はゞ，これも又，百四十匁余

---

(94)　正徳の改鋳（1714（正徳4）年）のこと。その内容については，表1-1・表1-2を参照。正徳は，1711〜1716年。

(95)　新金・銀貨（正徳金・銀貨）の交換と流通に関する法。

(96)　白石は，自らが主導した正徳の改鋳を擁護する。

(97)　然る可からざる。

(98)　そしり論じる。

(99)　国家の経済・財政の運営。

(100)　宝永金2両を以て，正徳金1両と交換すること。

(101)　金貨の重量については，表1-1を参照。

(102)　慶長金1両。

にかふべく候へば、これ又、いづれの所におゐてその半を減じ候所は有べく候歟(か)。

　第二　新金一両と只今迄の金二両とを秤に懸くらべ候に、新金の軽き事二分に及び候由(104)。この説を信用し候事は、慶長の初に小判造られ候法意を心得ざる人のあやまちと申すべく候歟(か)。凡(およそ)金一両の重さ、世の申伝ふる所、或は四匁七分三厘とも申し、或は四匁七分六厘とも申し、或は四匁八分とも申し、一定の説を存じ知り候事なく候は、多くの小判を造出し候に、其軽重はあるべき事に候を、わづかの軽重をも論じ候におゐては、世に通じ行はれざる小判ども出来るべき事、甚以て不レ可レ然(105)事の由議定ありて、明らかなる法を定められざる由に候。（此等の事、神慮(106)深く遠き御事たる由、ふるき人は申つたへたる事に候。）こゝを以てわづかの軽重を論じ候に及ばずして、相通じ用ひ来り候事、すでに百余年に及びたる事に候。況(いわんや)又、今度の新金、慶長の法のごとくに改定められ候由に候上は、これらの事もとより論ずるに及ばざる事に候歟(か)(107)。（ある人の説に、元禄の金を造出され候時、慶長の法三分が一を減ぜられ候へば、元禄金百両にては慶長の金三十余両をうしなひ候つもりに候へば、わずかの増金を被レ下(108)候を以て事たり候事にあらず候。しかれども、

―――――――――

(103)　ここでは、宝永金（乾字金）1両＝旧銀70匁、正徳金1両＝旧銀140匁という比価が想定されている。

(104)　計算は、匁を単位として、
　　　　$(2.5 \times 2) - 4.8 = 0.2$。
　　　新金を4.76匁とすると、差は0.24匁になる。慶長金の重量を4.8匁としたことは、ここでの議論の伏線となっている。注（16）を参照。

(105)　然る可からざる。

(106)　家康の思慮。

(107)　以上で白石の論法は、かなり危うい。小判の製造過程で重量に誤差が生じるということと、注（104）で見たように、当初から2分ないし2分4厘という「誤差」を含んでしまうということとは違うはずである。幕府による金銀の負担を増す、「歩金」の支給を食い止めようとしている白石の、「政治的」発言と読むべきであろう。

(108)　下され。

其時に軽重多少を論じ候説もなく候き。今度に至てこれらの説を申ふらし候は、両替のものども、わづかにても歩金(109)を被_レ下(110)候はん事を謀りて、申しふらし候事に候と云々。これ又、其謂(111)ある説歟(か)(112)。）

第三　新金の一両、只今迄の金二両より軽き事二分に及び候上は、歩金をくはえられ候て引替らるべき事の由。此説を信用し候事は、新金の事におゐては、元禄以来の例を以て准ずべからざる義を心得ざる人のあやまちと申すべく候歟(か)。元禄の金は其形は慶長の金に相同じく候へども、其品大きに及ばず候を以て、歩金をくはへて引替られ候き。只今迄の金は、其品は慶長の金に相同じく候へども、其形小しく候を以て、歩金をくはへて引替られ候き。新金にをゐては其品といひ其形といひ、元禄以後の金の及ぶ所にあらず候へば、なにを以てか歩金をくはへらるべく候はん歟(か)(113)。（元禄以後の歩金といへども、その減じ候所をつぐなひ候に及ばざる事の子細は、前条の注に見え候ごとくに候。）況(いわん)や又、元禄年中金造出され候時に歩金をくはへられ候ひしかども、又、此事によりて世の通行におゐては、なを私の歩金(114)をも増し加へ候て、金の価は賤しくなり候き。今度のごときも歩金等の御沙汰に及ばれず候をだに、なを内々におゐては歩金の事など申す事候由聞え候へば、もし歩金をもくはえられ候事の候はんには、必らず又、私の歩金をも増し加へ候て、金をも賤しみ候事出来るべき事に候(115)。かれといひこれといひ(116)、歩金くはえらるべき義にあらざる事、論ずるにも及ばず候。（さなく候だに(117)、新金の品は慶長の金に及ば

---

(109)　割増金。
(110)　下され。
(111)　わけ。
(112)　ここでは、歩金の支給をもとめているのが両替商であるとされる。
(113)　以上、慶長金・元禄金・宝永金（乾字金）・正徳金の関係については、表1-1を参照。白石は、ここでは、慶長金・宝永金・正徳金の金品位は等しいとしている。
　　　『折たく柴の記』では、宝永金について次のように述べている。「それもなほ金の品は古に及ばざりし由、今に至ては、金座のものども申すとこそきこえたれ。」（『折たく柴の記』p. 262.）
(114)　金貨が公定の価格より低い相場で売買されること。

ず候など申す由に候。もし歩金等の事候はんには、いよいよ其品を賤しみ申すべき事は、智者を待ずして明らかなる事に候歟(118)。)

　第四　召つかひ候男女等給金の事に就て、難儀の事出来るべき由。此説を信用し候事は、天下の事の情をも通じ暁らぬ人のあやまちとも申すべく候歟。前条に見え候事のごとくに、専らに銀を用ひ候国々にては、給銀と名づけ候て、銀を以て召つかふ男女の給分とし、専らに金を用ひ候国々にては、給金と名づけ候て、金を以てその給分とし候へ共、或は又、切米と名づけ候て、米を以てその給分となし候事も候へば、（切米とは給米といふ事を誤りいふ事にや。）六十六州の内給金を用ひ候国の数は、半よりも猶すくなかるべき事に候。然れども、御旗本の面々を始め、御城下(119)の寺社町々におゐて召つかふ下人其数多かるべき事に候へば、凡そは三十三州は給金を用ひ候つもりに候とも、今より後十年の間に用ゆべき給金の料ほどは、只今迄の金は世に通行すべき事に候(120)。（これ只今迄の金の数、五三年の間に、ことごとくに吹改む(121)べき事にあらざるを以て也。）たとひ今よりして十年の後に至て、只今迄の金、世にとぼしく候はん時に及びては、万物の価も相定り候て、新金を以て給金とし候とも、召つかふ男女難儀の事も有べからざる事に候(122)。たとひ又、侍以上の輩、其給金の半になり候と申す名をきらひ候事も候はんには(123)、給金を改めて切米となし候事の類、其望にかなひ候程の事は、主人たるものゝはから

---

(115)　公の歩金に、民間の金貨相場の低下が加わること。
　　　　市場での金貨の価格に影響するような政策を採るべきではないことが含意されている。
(116)　これまで述べてきたいくつかの理由。
(117)　それでなくてさえ。
(118)　歩金を出せば、新金の品位は慶長金より低いという噂を肯定することになる。
(119)　江戸城下。
(120)　ここから、白石が、旧貨から新貨への移行が、通常の改貨方式でも10年はかかる事業であると考えていたことが分かる。
(121)　改鋳する。
(122)　白石は、問題を長期的な視野で考えていた。この点、注（143）を参照。

ひに有べき事に候。然らば, 又, なにの煩しき事の候はん歟(124)。

　第五　六十六州の知行の額によりて役金をあてられ(125), 新金一両を以て只今迄の金一両に引き替らるべき由。此説におゐては取用ゆるにたらざる事, 前日既に申つくし候(126)。たとひ又, 役金をあてられ, 其不足を補はるべきなど申す事, 其謂候とも, 終には只今迄の金二両を出し候て, 新金一両に替候事は相同じき事に候(127)。其故は, 新金一両を造出し候には, 只今迄の金二両を用ひ候はずしては出来らざる事に候。天下の人を合せ候て, これを見候はんには(128), たとへば引替候時に当ては, 金百両を以て百両の金に替候とも, これよりさきに其不足を補はれ候料として, 百両の役金を出し置候へば, 時の前後は候とも, 終には只今までの金二百両を出し候て, 新金百両に替候事は, なにのかはりの有べく候はんや。此等の説は, あまりに愚なる事とも申すべく候歟。

　第六　新銀の事は世の人申す所もなく候へば, 今度の法のごとくに行はるべき御事に候。新金の事におゐては, まず停止せらるべく候由(129)。此説を信用し候事は, 金銀通用の法(130)ある事をもわきまへず, 前車の覆り候事をもしる事なく候あやまちと申すべく候歟(131)。元禄年中金銀の法改められ候初に, 世の人銀をたつとび, 金を賤しみ候事により候てこそ, 万物の価はくるひ出候ひし(132)は, いまだ遠からぬほどの事に候へば, 誰かは見及び聞及び候はぬ人の候べきや。新銀すでに世の人たつとび思ひ候事に候はゞ, 世の人また只今迄の金の其形小しく候事をば, いかゞは存じ候べき。たとへば只今迄の金一両を以て新銀にかへ候はんには, わづかに其銀三十匁を得べき事に候。元禄の初, 一

---

(123)　武士にも, その切米としての所得を米ではなく, 貨幣で受け取る者がいた。彼らにとって「給金」は身分の象徴であるから, それが名目的にせよ半減することを嫌う者もいる。

(124)　ここでも問題が長期的視野で捉えられている。

(125)　知行高に応じて割当て金を設けて。

(126)　ここからは, 幕政の場における白熱した議論の様子が垣間見える。

(127)　役金を出した上で新金1両と旧金1両を交換するのでは, 新金1両と旧金2両とを交換するのと変わらない。

(128)　問題をマクロ的に見るべきことが述べられている。

両の金を以て銀五十四五匁にかへ候時だに,万物の価は増し加はり候き。況や,一両の金,銀三十匁にかへ候はんには,万物の価はいかゞなりはて候べきにや(133)。殊には又,此事を議せられ候事三年を経て事定まり候御事を,わづかに百日をも経ず候て(134),又,改めて御沙汰候(135)はん事,国体におきてしかるべき御事に候はん歟(136)。これらは無下に浅ましき説と申すべく候歟。

　第七　新金新銀其数いまだ多からず候間は,その通用相滞り候事はあるべき事に候(137)。然れば,新銭多く鋳出され候て,金一両に四貫文づゝの定を以て

---

(129)　銀貨の改鋳のみをおこない,金貨の改鋳は中止すべきである,という意見。

　　　銀貨のみを改鋳すれば,金銀の比価の変化によって物価が上昇することになる。たとえ,過渡期において物価の変動があっても,金銀の同時的な改鋳によって,元禄の改鋳以前の物価水準に復帰する必要がある,と白石は捉える。彼が,「建議　七」で金銀の比価の変動について多く語ったのは,金銀の同時的な改鋳を実現するためであった。

　　　東西日本の関係という視点からは,金銀の同時的な改鋳の意味は以下のようになる。

　　　上方経済の混乱を収拾するためには,銀貨の改鋳によって,「金高銀安」を是正することが必要になる。一方,東国に基盤をもつ幕府にとって,「金安銀高」も好ましくない。そうした二面的な問題の着地点が,金・銀貨の同時的な改鋳による,慶長期の品位・重量への復帰であった。

(130)　金1両＝銀60匁という比価。

(131)　金・銀貨にはあるべき比価が存在するということを知らない意見であり,元禄期以降の改鋳の誤りを繰り返すものである。

　　　金銀の比価の変化は物価上昇をもたらすという命題は,「建議　七」の基調をなしてきた。

(132)　安定を失い,急激に上昇した。

(133)　新金の発行を見送り,金安銀高になれば,かつての銀高の場合と同型のメカニズムによって,物価が上昇する。

(134)　ここから「改貨後議」の執筆時点が分かる。それは正徳の改鋳についての「御沙汰」(1714(正徳4)年5月15日)の後,3ヵ月程の時点であったことになる。

(135)　幕府の決定の公示。

(136)　国柄からして,短期間での政策変更は,許されることであろうか。

売出され候はゞ、新金の通用をば相たすくべく事の由。此説におゐては一向に其いはれなしとは申すべからず候へども、いまだ其事理をもきはめつくさずして、殊には国家の大体(138)と申す事の候をば心得ざる人のあやまちに候歟。慶長の初より、金一両を以ては、銀にしては六十匁、銭にしては四貫文に相当つべき由の御定、天下の通法に候事、勿論の事にて候。しかるに、今度御沙汰の次第、新金一両は新銀六十匁に当られ、只今までの金一両は只今迄の銀六十匁に当られ候割増の法に、詳に相定められ候へども、銭におゐてはとかくの御沙汰に及ばず候御事は、もし只今迄の金一両に銭四貫文をかゆべき由を定められ候はゞ、新金一両を以ては八貫文の銭にかふべく候歟、又、新金一両に銭四貫文をかゆべき由を定められ候はゞ、只今迄の金一両には二貫文の銭をかふべく候歟(139)。金と銀とは慶長の法によられ候所に、銭におゐては慶長の法にたがふ所も候はん事、不可然(140)御事に候。況や又、銭の価、或は甚だ高きに過ぎ、(これ一両に二貫文の事也。)或は甚だ賤きに過ぎ候はゞ、(これ一両に八貫文の事也。)下賤のもの共のために尤以て不可然(141)事に候。銭はもとより賤しき宝に候上は、其法を定めらるゝに及ばずして、新銭を鋳出され候て世に行はれ、下々にての通行に打任せられ候におゐては(142)、只今迄の金にては一両につきて三貫二三百匁にも通行すべき事に候。此後十余年をも過候に及びて、新金の世に行はれ候事も年久しく、万物の価も相定り候時に至ては、をのずから新金一両につきて四貫四五百銭にも相当り、二十年を過ぎ候はゞ、金銀銭の三つ其価平かにして、慶長の法のごとくにたちかへるべき事に候歟(143)。

---

(137) 白石は、旧貨と新貨の切り替えにともない、過渡的な混乱が起きることを予測していたことになる。
(138) 国政の大要たるべきこと。
(139) 改鋳する金・銀貨については、新貨には新貨、旧貨には旧貨を対応させればよい。しかし、改鋳されない銅銭と金・銀貨との関係については、そうした手法は採れない。そうでないと、銭の対金銀価格に混乱が生じてしまう。
(140) 然る可からざる。
(141) 前注に同じ。
(142) 新銭を鋳造して、その価格は法定するのでなく、貨幣市場に委ねればよい。

結語

　右愚存の趣ことごとく皆，世の人の申す所を難じ申す所に候へば，其憚(きたん)すくなからず候。但し某とてももとよりこれらの事におゐては，一向に其心得なき事共に候へども，異朝の書には，天下財用の事ども，詳に論じ候物ども其数多く候を，わかき時に其かたはしばかりはうかゞひ見候事も候て，今日の事に存じ合はせ候所々候を以て，心のおよび候事共を書しるし候(144)。申す所の理に当り候歟否におゐては，覚束なき事勿論に候(145)。

---

(143)　ここで白石は，改鋳による物価の安定には20年はかかると見ている。
　　　荻生徂徠は，『政談』において，銅銭の増鋳によって「一両に七八貫文」(『政談』p. 137.) 程度の「金高銭安」に誘導し，消費の身分的格差を回復することを提言している。長期的には，金1両＝銭4貫文という相場を是とする白石の議論とは対照的である。
(144)　白石が参照した中国書は不詳。
(145)　白石の貨幣政策論について考える場合，彼が「実数」——実質をともなった数値——という概念と，「虚数」——実質をともなわない数値——という概念からなる対概念を用いて思考していたことを確認しておく必要がある。
　　　白石は，『折たく柴の記』において，次のように述べる。
　　　　元禄の改鋳において，「金の製其形も其重さも古のごとくなれど，天下の眼掩ふべからざれば，改造られしもの半ばはこれ銀也としりてければ，これよりさきに金百両の価せしものをば，此後は金二百両にあらざれば，売る事あたはず。銀の事も亦これに准ず。されば，万物の価騰り，貴くなりにたりなどといへども，実にはそのしかるにはあらず。世の人の見るところは，「たゞ今の二百両は，古への百両也」とおもひし也。さらば，妄に其虚数を増したるにて其実数は増す所もなし。此後また金銀の製古に復されんには，世の人の見る所は，改造られし金百両は只今迄の二百両なれば，其虚数を減じたるにて，其実数は減ずる所もなし。……たとひ今金百量の価ならむ物也とも，改造られしもの五十両をもては買得べし。さらば，いづれの方にか其宝の半を失ふ道のあるべき。」(『折たく柴の記』pp. 349-350.)
　　　元禄の改貨以降の財の価額の膨張は，何ら実質的な富の増大を意味するものではない。逆に，正徳の改貨によって財の価額が収縮しても，それは実質的な富の減少を意味するものではない，ということである。

第2部
考 察

第5章 「白石建議」概観

(1) はじめに

　本章の目的は，第1部で原文を紹介してきた，新井白石の経済論である，「白石建議」の「四」〜「八」に関する概観をおこなうことである。概観である以上，本章は，手短を旨とする。

　白石の経済に関する議論の最大の特質は，それが経済政策の実質的な策定者による議論であることにある。そして，彼は，その経済政策——貨幣政策——の策定という極めて実践的な課題に，絶えず，経済理論を参照しながら対応した。こうした，理論から政策までという幅広い議論を可能にしたのは，彼が，単なる「経済官僚」であったのではなく，幕政の中枢にあったことである。よく語られる「正徳の治」とは，白石を「頭脳」とした統治であった。

　以下では，そうした，「建議」の「四」〜「八」について，3項目にわたって見ていく。

　(2)の「「白石建議」の概観」では，「建議」について一瞥するとともに，その特質と歴史的な位置づけにふれる。

　(3)の「「白石建議」の経済学」では，「建議」における経済理論がどのようなものであったのかについて見ていく。すなわち，そこでは，貨幣の数量や品位が，物価にどのような影響を与えるのかに関する白石の議論を，図や式も用いて説明し直すのである。また，そこでは，白石の経済理論の系譜について一瞥する。

　(4)の「関連事項表」においては，白石の生涯における「建議」の位置を見る。なぜ，一介の儒学徒が幕府の貨幣政策を策定するようになったのかを，簡潔に知るのである。

(2)「白石建議」の概観

1. 白石は，1709（宝永6）年から1716（享保元）年までの間，徳川6代将軍家宣，7代将軍家継の政権下で，寄合儒員として幕政の中枢にあった。彼が，数えで53歳から60歳までのときである。

白石が，幕政において直面した諸種の問題のなかで，主な経済問題は，金・銀貨の改貨問題と金銀の海外への流出制限の問題であった。その2つとも貨幣問題である。そのことは，市場経済（商品・貨幣経済）の発展が，「折り返し不能点」を越えてしまった，「ポスト元禄」の政治家にして思想家であった彼にふさわしいことであった，と言えるであろう。

白石の経済論は，『折たく柴の記』にも散見される。しかし，それが首尾の通った論考として展開されているのは，「白石建議」の「四」～「八」においてである。そのうち，「白石建議」の「四」・「五」・「八」，すなわち「改貨議」は，1713（正徳3）年の作品である。この点は，白石自身が，その末尾に記している。また，「白石建議」の「七」，すなわち「改貨後議」は，1714（正徳4）年の作品である。この点は，『折たく柴の記』（新井白石（1999）p. 386.）によって確認出来る。ちなみに，正徳の改鋳は，1714（正徳4）年である。

これに対して，「白石建議」の「六」に収められた，相関連した3つの掌篇全体の成立年は，はっきりしない。しかし，その3篇目「本朝金銀銅外国へ入りし惣数の事」について言えば，そこにおいて用いられている統計の最新データは，1708（宝永5）年のものである。白石は，1709（宝永6）年における家宣の6代将軍への就任後には，幕府による統計を自由に用い得る立場にいた。そうすれば，『折たく柴の記』（新井白石（1999）pp. 400-401.）からも判断し得るように，1708（宝永5）年のデータが最新のものであった，家宣の就任後あまり間もない時が，3篇目の執筆時点であることになる。そして，「六」の3篇が近接した時点に書かれたとすれば，それらの執筆は，「改貨議」や「改貨後議」の前である。すなわち，「建議」は，「六」→「四」・「五」・「八」→「七」

の順に書かれたことになる。

　その概要は，

　「建議　四」では，まず，貨幣数量説による貨幣論・物価論と，それにもとづく現状認識が展開される。この部分は，「改貨議」全体の基本的認識の提起に当たる。それにつづいて，改貨に関する諸説が批判される。その諸説は，白石にとって受け入れがたいものから，白石の改貨策に近いものへという順に紹介・検討され，白石の改貨策への導入となっている。

　「建議　五」では，まず，改貨にあたって幕府が取るべき姿勢が述べられる。その後，白石による改貨の具体策の内容が展開されている。それは，金鈔・銀鈔という一種の紙幣の発行を媒介として，金・銀貨の改貨をおこなうという，今日の眼からしても意表をつくと言える策である。

　そうした具体的な政策を，一連の算術的な手順の表としてまとめたのが「建議　八」である。そこでは，周到な計算によって，金鈔・銀鈔の発行を媒介とする改貨が実現可能なものであることが示される。

　前記のように，以上，「四」「五」「八」3篇が，「改貨議」をなす。この「改貨議」は，単に長さにおいてのみでなく，その構成の緊密さや論理の明晰さといい，リズミカルな速度を保ちながらも硬質な論理性を崩さない文体といい，白石の渾身の力作である。

　「建議　六」では，日本の金・銀・銅についての歴史が，それらの産出，貨幣制度，海外への流出という3つの視点から展開されている。いずれも掌篇である。そのなかでは，金銀の海外流出の歴史を扱い，その流出制限を論じた3篇目が，白石の統計利用の巧みさを示すものとして，際立って興味深い。

　「建議　七」では，正徳の改鋳に対する批判への反批判が展開される。正徳の改鋳では，金・銀貨の品位と重量に関しては白石の改貨策が生かされたが，金鈔・銀鈔の発行は，おこなわれなかった。そうしたもとで，白石にとって受け入れがたい改鋳批判に対する反批判がおこなわれている。そこでは金銀の比価の変化の問題が扱われていることが注目される。

　これも前記のように，「七」が，「改貨後議」である。「改貨後議」の白石には，

正徳の改鋳が開始されたことからする，精神的な余裕が感じ取れる。

2．白石は，彼が直面した経済を，主に植物由来の再生可能・非枯渇的な財の流通を，金銀という再生不能・枯渇的な資源から造られた貨幣が規律するシステムとして捉える。そうしたシステムのもとでは，貨幣の品位と数量をコントロールし，その海外への流出を制限することは，公権力の重要な任務となるのである。

したがって，「建議」は，「鎖国」という制度的枠組みのなかでの経済の骨格のあるべき姿を論じ抜いた著作である，と言える。「建議」を読むことは，地理的拡大を遂げていく西ヨーロッパ諸国における重商主義の意味を裏から照らし出すことにも繋がるであろう。ここで，「重商主義」を持ち出すことは，単純に同時代性によるのではない。白石は，「鎖国」のなかで可能な限り世界を見渡し，スペイン継承戦争の帰趨を始め，重商主義諸国の情勢にも強く注目した人だったのである。

白石は，『西洋紀聞』においてこう述べる。「按ずるに，ゼルマアニヤ・フランスヤの戦始りし事は，本朝元禄十三年庚辰に当れり。兵連なること十四年にして，事たいらぐ。此年，本朝正徳三年癸巳也。」（新井白石（1968）p. 63.）

正徳3年は，1713年であり，前に述べたように，「改貨議」執筆の年である。

日本における重商主義の経済論と言えば，「交易を用て，他国の金銀銅を絞取，我国へ取込て国力を厚く」（本多利明（1970）p. 166.）するという議論が想起される。しかし，18世紀初頭の日本が直面した課題は，重商主義諸国が，日本の「金銀銅を絞取」，外国へ「取込て国力を厚く」することへの，「鎖国」という名の防壁を維持することであった。世界的な視野においては，白石の議論は，重商主義のインパクトへの応答として，重商主義時代の経済学であった。

3．こうした「建議」における経済論は，当然，経済政策論に収斂している。しかし，その叙述は，先にふれたように，経済理論・経済史の領域にも及んでいる。白石の経済政策論の内容的な特質は，認識論的・方法論的な基礎が確実な，経済理論の応用，算術の利用，統計の利用，そして歴史研究の応用に，明確に基礎づけられていることである。

この広範な学識・関心に支えられた白石の議論の実践的な性格は，前近代の日本の経済論の歴史のなかで特異なものである，と言える。その実践的性格が，極めて明晰な論理性を備えて表出されていることも強調されるべきである。彼の経済政策論は，経済理論から演繹された骨子を，統計（数値）を用いて肉付けすることによって，あるいは，逆に，現実から得られた統計（数値）に依拠して，将来を予測することを可能とする歴史的な傾向性を捉えることによって，構成されているのである。そうした，実践性・論理性を兼ね備えた白石の経済論は，単なる経済「論」を越えて，経済「学」となり得ている，と言える。

白石の経済「論」が経済「学」たり得た究極の理由は，彼が，そうした実践性・論理性をもって貨幣市場のメカニズムそのものを分析したことにある。彼は身分制を肯定した。しかし，彼は，独自のメカニズムを持った貨幣市場が，そうした身分制に組み込まれており，その支え無しには身分制は維持できないと認識したのである。そこには，「公卿的礼治主義」（丸山真男（1983）p. 123.）なるものの片鱗すらない。

——上申文である「建議」は，すべて高度に政治的な文書である。そうした文書のなかで，「学」たり得る主張をなした白石の議論は，今一度読み直すに十分に値する。

確かに，白石の用いた経済理論という「道具箱」の中身は，未だ乏しいものであった。しかし，注目すべきは，経済理論の乏しさではなく，そうした「道具」のみによって，しかも決して「専門領域」ではない経済学において，整然とした議論の体系を組み立て得た，白石の知的な力量であるように思われる。

(3)「白石建議」の経済学

1．白石が直面した最大の経済問題は，金・銀貨の改貨の問題であった。それは，当時の激しいインフレーションに対処するための政策であった。白石は，インフレーションを貨幣数量説的に捉えた。また，それへの対策も基本的には貨幣数量説に基礎づけられたものであった。

そこで，その点を見るために，まず，「建議　四」から以下を引用しておこう。白石の基本的命題に下線を引いておく。

「異朝歴代の間，論じ候事共を併せ考候に，古の善く国を治め候人は，物の貴賤と貨の軽重を観候事候て，其政を施し行はれ候き。凡そ<u>物の価重く候事は，貨の価軽きにより候て，貨の価軽くなり候事は其数多きが故に候へば，法を以て其貨を収めて其数を減じ，又，物の価軽く候事は，貨の価重きにより候て，貨の価重くなり候事は其数少きが故に候へば，法を以て其貨を出して其数を増し，貨と物とに軽重なきがごとくに其価を平かにし候時は，天下の財用ゆたかに通じ行はれ候由相見え候</u>。……もし此説に拠り候はゞ，当時万物の価の重くなり候事，金銀の数多く候て，其価軽くなり候故により候事，疑ふべからざる事にて候。」

下線を引いた叙述について考えていこう。

それは，

① 貨幣数量の増加・減少は，物価水準（「物の価」）を上昇・低下させる。

② 貨幣数量の増加・減少は，貨幣の購買力（「貨の価」）を低下・上昇させる。

という，相互に同一事態の別の表現である2つの命題に言い換えられる。そうした貨幣数量説は，貨幣の財の流通手段としての機能を問題にした議論である。

その2つの命題は，

$$M = PT \tag{5-1}$$

　　　ここで，M：貨幣数量。P：物価水準。T：財の総取引量。

という交換方程式をもとにして理解し得る。その点を，図によって視覚化しておけば，（5-1）式を図示した図5-1から，図5-2・図5-3を導き得るということである。

図5-1のように，財の総取引量Tを一定とすると，貨幣数量Mの増加・減少に応じて，物価水準P（＝M/T）は上昇・低下する。そのことを描き直

図5-1　貨幣数量（M）と財の総取引量（T）と物価水準（P＝M/T）

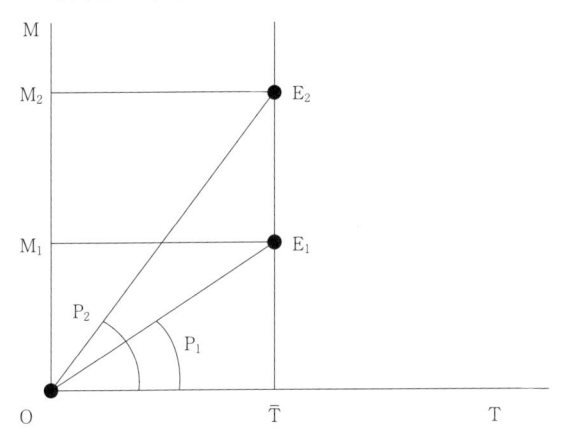

図5-2　貨幣数量（M）と物価水準（P＝M/T）

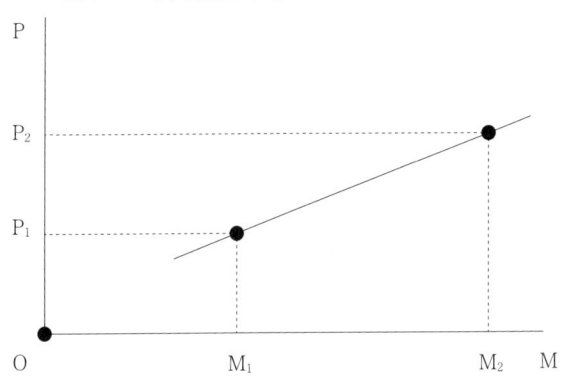

したのが，図5-2（命題①を示す。）である。また，図5-2からすれば，貨幣数量 M の増加・減少は，物価水準の逆数 T/M である個々の貨幣片による財の購買力を，図5-3（命題②を示す。）のように，低下・上昇させることになる。

　以上のように，命題①・②を知っていれば，貨幣数量説の含意を捉え得たことになる。なお，貨幣数量説は，それが成立する過程で生まれるさまざまな事

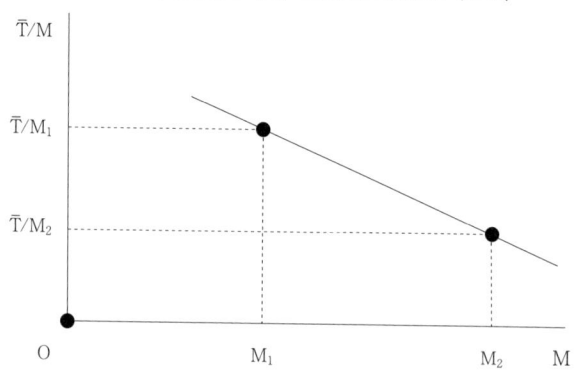

図5-3 貨幣数量（M）と貨幣の購買力（T/M）

態を捨象した，長期に関する議論である。

2．さて，ここで，白石が直面したより具体的な問題である，金・銀貨が併存するもとでの増鋳の効果について，事態を簡単に解釈しておこう。

金貨をニュメレールとして，金貨で計った銀貨の価格をsとする。そうすると，金貨で表示した流通手段の総量Mは，金貨の量M_gと，銀貨の量M_sにその価格sを乗じた値sM_sの和で示される。（5-2）式である。

そうした流通手段の総量Mが，財の総取引量Tを一定としたもとで，金貨で計った物価Pの決定に関与することになる。（5-3）式である。

金貨の量M_gを一定として，銀貨の量M_sが増大した場合，銀貨の価格sは低下し，逆のときには逆になる。（5-4）式である。

幕府の貨幣政策によって，M_g，M_sが決定されれば，（5-2）式～（5-4）式の小システムは完結する。

$$M = M_g + sM_s \tag{5-2}$$

$$M = P\bar{T} \tag{5-3}$$

$$s = s(M_s) : 0 < s < 1, \ s' < 0 \tag{5-4}$$

今，銀貨の増鋳がおこなわれたとしてみよう。そうすると，（5-4）式から，銀貨の価格sが低下し，「金高銀安」が生まれる。銀貨の増鋳がおこなわれると，

その価格 s の低下によって，銀貨の「はたらき」は低下するのである。

　簡単に，増鋳によっても，金貨で表示した銀貨の総体の購買力 sM_s は不変となるとしよう。その場合は，（5-2）式，（5-3）式から，金貨で計った物価 P は不変であるが，銀貨で計った物価 P/s は上昇することになる。

　銀貨に対する需要の状況によって，増鋳による銀貨の価格 s の低下率が小さく，sM_s の値が大になる場合は，金貨で計った物価 P は上昇する。増鋳による s の低下率が大きく，sM_s の値が小になる場合は，P は低下する。そして，いずれの場合も，s の変化率と M ないし P の変化率の関係を考慮すれば，銀貨で計った物価 P/s は上昇することになる。

　白石の貨幣数量説の基本的な理解は，以上のようなものであると説明し得る。彼は，明確に，「上銀にて候とも，其数多く候はんには，必ず其価軽くなり候て，万物の値は重くなり候事，今日のごとくなるべく候。」（「建議　五」）と述べるのである。彼が貨幣の流通速度にふれていないことは，18世紀初頭の議論として，西ヨーロッパの経済学を視野に入れても，当然であると言えるであろう。

　3．また，白石が，貨幣の数量の問題とともに扱っている貨幣の品位の問題は，貨幣の金銀という姿をとった富の蓄蔵手段としての機能に対する需要の問題である。

　白石は，「建議　七」でこう述べる。

「金銀の品相みだれ候に就ては，万物の価も平かなるべからざる事，これ又，あやしむにたらず候。」

　この問題は，上で見た，貨幣の数量の問題に「翻訳」して理解することが出来る。貨幣の品位が変化すれば，貨幣の富の蓄蔵手段としての機能に対する需要は変化する。したがって，流通界から引き上げられる貨幣の量も変化する。

　この点について，白石が「建議」でしているように，問題を，品位の変化は，同一種類の貨幣に複数の品位の貨幣をもたらすことになるという問題と，違った種類の貨幣である金・銀貨間の関係を変えることになるという問題に分けて見てみよう。

　白石は，「建議　四」で，悪鋳がおこなわれた場合，旧貨（良貨）は蓄蔵に

回され，新貨（悪貨）が流通界に残されることを強調する。こうした場合には，幕府に回収されるか，蓄蔵に回されるかによって，流通界から引き上げられる旧貨の量と，流通界に投げ入れられる新貨の量との大小が，流通手段の新たな量を規定していくことになる。

　一方，下線部の白石の議論のように，金・銀貨の併存を積極的に考慮したもとで悪鋳がおこなわれた場合について考えよう。それが銀貨であれば，蓄蔵貨幣として新規に用いられる銀貨の一部は，金貨によって取って替わられるであろう。そうすれば，流通手段としての金・銀貨の量は，そうした変化が無い場合と比べて，金貨は減少して，銀貨は増大する。

　以上2つの場合とも，より具体的には，蓄蔵貨幣には，さまざまな個別的事情による取り崩しがある。新規の形成と取り崩しのなかで，蓄蔵貨幣の純増・純減，したがって，流通界にある貨幣の純減・純増が規定され，その数量が，金銀の比価と物価の決定に関わっていくのである。

　誰かが1万両という大金を蔵に貯め込んでいても，その1万両は，財の購買力として物価に直接の影響を及ぼさない。その1万両が問題となるのは，それが流通界から引き上げられている，という事実によるのである。

　4．幕府の貨幣政策の変更は，数量の問題であれ，品位の問題であれ，まず，貨幣市場（両替市場）に影響した。そして，そこで生まれた金銀の比価の変化，「金安銀高」ないし「金高銀安」が，財の市場に波及していった。安くなった方の貨幣で財を売るときに，以前と同じ価格で売れば，高くなった方の貨幣に換算したときに損失が生じる。そこで，商人達は，そうした損失が出ないように，安くなった方の貨幣での価格を上昇させる。そうした行動の積み重ねが，安くなった方の貨幣での物価を上昇させるのである。

　以上の理解は，「建議　七」に見られる。それは，これまでに説明した変化が実現されていく具体的なメカニズムを，商人達の行動に則して問題にしているのだと言えるであろう。

　白石が直面した貨幣の世界は，2種類の重量・品位を異にする金貨と，5種類の品位を異にする銀貨が並んで流通するというものであった。したがって，

彼にとっての貨幣問題は，複雑極まるものであったと言ってよい。以上では，彼が，そうした複雑な問題を解釈する上での基礎となったと思われる理解について纏めてみた。

5．興味深いことは，白石が，以上のような，貨幣政策の言わば「ハード」な側面に関心を持っていただけでなく，その「ソフト」な側面にも関心を持っていたことである。

それは，貨幣政策における，人々の貨幣の発行主体への信認の確保の重要性という点である。貨幣の発行主体とは，今日では中央銀行であるが，当時においては幕府そのものであった。彼は，とりわけ「建議　五」の冒頭において，「天下の人民」の幕府の貨幣政策への信認を確保することが，改貨を成功させるために重要であることを強調するのである。

この点に関する彼の叙述は，一見すると，幕府の貨幣問題の関係者に対して道徳的な訓戒を与えているように読める。しかし，それは，金・銀貨の引き続く増鋳・悪鋳によって，人々が幕府の貨幣政策に対して疑心暗鬼に陥っているなかで，改貨を成功させるための周到な政治的措置であったのである。

6．さて，白石は，「建議　七」の末尾で，「異朝の書には，天下財用の事ども詳に論じ候物ども其数多く候を，わかき時に其かたはしばかりはうかゞひ見候事も候て，今日の事に存じ合はせ候所々候を以て，心のおよび候事共を書しるし候。」と述べる。

その場合，白石の経済理論のどこまでが，「異朝の書」——中国の書物——によるものであり，どこからが，白石自身が「今日の事」に合わせて独自に思考したものであるかは分からない。

しかし，白石自身，貨幣数量説が，「異朝歴代の間，論じ候事共」であることを述べている。また，「建議　四」からは，貨幣数量説が，知識人の間にかなり普及していた様子が見て取れる。そうしたことから，図5-1〜図5-3で見た，「建議」の基礎理論である貨幣数量説そのものは，「異朝の書」によるものであると考えられる。

いずれにせよ，当時の日本の正統思想が儒学であり，白石自身が儒学者であ

った以上，その経済学もまた，東アジアの儒学文化圏内のものであったことは自然である。

　なお，白石は，「建議」の各所で，中国経済を「宝鈔」（紙幣）が主に流通する経済であると捉えている。しかし，明代の16世紀には，日本銀・メキシコ銀の流入によって，銀の秤量貨幣としての流通が盛んになっていった。とすると，彼が主に参照した中国書は，それ以前について述べたものであった，と推測することも出来る。

　もちろん，白石の議論に中国文献の典拠があっても，短期間のうちに金・銀貨の不均等な増鋳・悪鋳が繰り返されるという事態は，当時の日本に固有のものであった。そもそも，近世中国には，金貨は存在しなかったのである。したがって，「建議」の改貨論が，全体としては，彼のオリジナリティーを示すものであることは間違いないと思われる。

　先に，白石の経済学が，重商主義時代の経済学であることを述べた。一方で，彼の経済学は，儒学文化圏の経済学でもある。西洋（欧米）と東アジア（中国）という日本の知，ひいては日本の歴史そのものを規定していく対照性は，彼の時代には，まだ，儒学文化圏の一員として西洋を見つめると言う姿をとっていた。しかし，彼自身が途を切り開いた洋学（村岡典嗣（1940））は，その対照性のなかでの日本の知のあり方を変えていくことになるのである。

(4) 関連事項表

　最後に，「建議」の白石の生涯における位置を見るために，関連事項を挙げておく。各種の年譜を参照したが，三田葆光（1907）が詳細である。白石の年齢は，数え年である。

明暦 3（1657）年（1 歳）江戸に生まれる。名は君美（きんみ）。

───────

元禄 6（1693）年（37 歳）木下順庵の推挙により，甲府公徳川綱豊（家宣）

に出仕。
宝永元（1704）年（48歳）甲府公将軍家の儲副（世継）に。
宝永2（1705）年（49歳）若年寄支配に。
宝永6（1709）年（53歳）5代将軍綱吉死す。家宣6代将軍に。シドッチを尋問。
宝永7（1710）年（54歳）天皇即位の儀拝観のため，京都に上る。
正徳元（1711）年（55歳）従五位下筑後守に。朝鮮使節を接待。
正徳2（1712）年（56歳）江戸参府のオランダ人と面会。荻原重秀失脚。家宣死す。家継7代将軍に。
正徳3（1713）年（57歳）「改貨議」。
正徳4（1714）年（58歳）正徳の改鋳。「改貨後議」。
正徳5（1715）年（59歳）長崎互市の法改正。『西洋紀聞』。
享保元（1716）年（60歳）家継死す。吉宗8代将軍に。吉宗襲職後，失脚。『折たく柴の記』。

———————

享保10（1725）年（69歳）江戸に死す。

　白石の生涯においてもっとも決定的であったのは，彼が，儒学の師・木下順庵の推挙によって，甲府公の徳川綱豊（家宣）に出仕したことである。綱豊は，5代将軍綱吉の甥であり，江戸桜田に邸を持っていた。その綱豊が将軍職を継いだことは，白石を幕政の中枢においた。そうした「偶然」が無ければ，「建議」も『西洋紀聞』も『折たく柴の記』も無かったであろう。

　失脚後の白石の生活は寂しいものであった。彼の死後の評価は，王安石のそれに似ていると言えるかもしれない。彼は家宣との主従関係によって幕政の中枢に入り，王安石は科挙によって帝政の中枢に入った。そのことは，封建の日本と専制の中国との違いを示す。しかし，その2人とも，死後において文業への評価は高く，政治的業績，とりわけ経済政策への評価は低かった。

　家宣・家継政権下の代表的知識人が白石であったとすれば，つづく吉宗政権

下のそれとして荻生徂徠が登場した。

この2人の経済論を読み比べれば,「ポスト元禄」の時代における思考の多様性にふれることが出来るであろう。経済学的には,同じく貨幣数量説的な議論を基礎としながらも,人を静かに覚醒させる,宋詩のような白石の世界。人を激しく酔わせる,唐詩のような徂徠の世界。その背後には,前者の論理的な叙述,後者の感覚的な叙述が潜んでいた。

白石と徂徠の2人の議論はともに,「危機」の認識に裏付けられていた。その場合,白石の「危機」認識には,5代将軍綱吉のように,将軍が奢侈に耽ることへの批判が陰伏していた。しかし,それは,切迫した問題としては,未だ貨幣問題に集中して表出されていた。一方,徂徠の場合には,「危機」の認識は,社会の「旅宿の境界」(荻生徂徠 (2011) 各所。) からの脱出の必要という,体制問題にまで拡大されていた。そこに,白石と徂徠の思想家としての個性の違いを見て取ることも出来るであろう。また,政権の中枢にあった白石と,政権の外部のブレーンであるにとどまった徂徠との立場の違いを見て取ることも出来る。

〈補遺Ⅰ〉

「建議」「四」~「八」という番号が,いつどのような根拠で付されたのかは分からない。「改貨議」の一部である「八」が,「四」「五」から飛んでいることは,不思議と言えば不思議である。

筆者が依拠した『全集』版 (1907) の原本は,岩崎文庫本であると記されている。しかし,「はじめに」で述べたように,現在の岩崎文庫 (東洋文庫に併設) には,「白石建議」は所蔵されていない。また,内閣文庫には「白石建議」が所蔵されているが,それには「四」~「八」に当たる論考は収録されていない。それは,徳川時代の写本であるが,収録された諸篇の筆跡は複数人のものである。その内閣文庫本には,ただ「白石建議」とあるだけで「第一巻」といった,複数巻にわたる書物であることを示す記載は無い。

「白石建議」の成立を明らかにすることは,今後の課題である。

なお，1点を付け加えておく。

　「建議　五」「建議　八」の末尾には，白石が「改貨議」を幕府に提出した年月日が記されている。その内の「日」は空白になっている。このことは，岩崎文庫本が，白石が幕府に提出した「正本」の他に作成して手元においた，「副本」から派生した写本であることを意味していると思われる。

　室鳩巣は次のように述べている。

　「新井氏此頃改貨議と申物を仕立候て，上へ被_申上_候。私へ草稿を見候へとて送り申候。扨々詳細成物驚申候。上下二巻附録一巻有_之候。勿論かながきに候へ共，文章の明白なる義，事情の熟達なる義，しかも忠厚の意を不_失候て，唐陸宣公奏議の外に見不_申候。誠に以て経済之才と存候。中々行はれ申間敷候得共，此より申入候て，其上の用捨は，あなた次第之由被_申候。尤に存じ候。御奉公も是迄と存候由にて候。」（徳富猪一郎（1936）p. 311. 出典記載無し。）

　この鳩巣の証言によって，「副本」の存在とともに，それを彼が読んでいたことを知ることが出来る。なお，この証言は，「改貨議」を上申した白石の決意を知ることが出来るという点でも非常に興味深い。鳩巣の，「改貨議」を稀に見る卓説であるとした同時代的な評価も，印象的である。白石を知る者は鳩巣であった。

〈補遺Ⅱ〉

　白石自身が挙げた数値によって，当時の各種銀貨の価格決定について一瞥しておこう。

　白石は，「建議　四」において，銀座が，四宝字銀によって民間人から他種の銀貨1貫目を買い入れるときの価格――両替商の買い入れ価格もそれに准ずる――について述べている。また，白石は，「建議　五」においては，そうした各種の銀貨の銀品位について述べている。それらは，以下のようである。なお，白石の証言のみからは，中銀の価格については知られない。しかし，「建議　四」から分かるように，その存在量は，他種の銀貨と比べて際立って小さ

表 5-1　銀貨の価格と品位（正徳の改鋳前）

（価格の単位は貫。品位は全重量中の灰吹き銀重量。）

種類	価格	品位
慶長銀	1.50	0.80
元禄銀	1.30	0.64
宝永銀	1.15	0.50
中銀	―	0.40
三宝字銀	1.017	0.32
四宝字銀	1.00	0.20

出所：「白石建議　四」同「五」

い。

　以上から、各種銀貨の貨幣価値の相互関係は、銀品位の高さという要因とともに、銀品位に関わらず、幕府が法定した貨幣であるという要因そのものにも由っていたと予想出来る。その場合、貨幣を、財の流通手段として見れば、法定貨幣性が重要であることになる。富の蓄蔵手段として見れば、高品位性が重要であることになる。

　そこで、その様相を知るために、中銀を除いた各種銀貨の価格 P_i とその品位 G_i の関係を、

$$P_i = \alpha + \beta G_i + u_i \qquad (5-5)$$

$$\alpha > 0, \quad 0 < \beta < 1$$

と考えて推定すると、以下のようになる。

$$\hat{P}_i = 0.776 + 0.849 G_i \qquad (5-6)$$
$$\quad (12.83) \ (7.54)$$
$$R^2 = 0.950, \quad s = 0.054$$

　（・）内は t 値。$t_{5-2, 0.025}$ は、3.182。

　有意水準5％で（5-6）を採用出来ることが分かる。

　四宝字銀などは、白石の皮肉（「建議　四」）を緩めても、銀の混ざった銅貨

であったと言うべきであろう。それでも，それは，幕府が法定した銀貨である以上は，銀貨だったことになる。

主要参考文献
新井白石（1968）『西洋紀聞』（宮崎道生校注）東洋文庫・平凡社。
―――（1999）『折たく柴の記』（松村明校注）岩波文庫。
荻生徂徠（2011）『政談』（平石直昭校注）東洋文庫・平凡社。
本多利明（1970）「交易論」（塚谷晃弘校注）以下に所収。塚谷晃弘・蔵並省自編『本多利明　海保青陵』『日本思想大系』44，岩波書店。
勝田勝年（1973）『新井白石の学問と思想』雄山閣。
栗田元次（1952）『新井白石の文治政治』岩崎書店。
近藤萌美（2009）「新井白石の貨幣論」『日本思想史研究』41。
高橋誠一郎（1993）『重商主義経済学説研究』創文社。
寺出道雄（2012）「荻生徂徠　素人の読み方」『三田学会雑誌』105巻3号。
徳富猪一郎（1936）『近世日本国民史　元禄享保中間時代』民友社。
野村兼太郎（1948）「新井白石」以下に所収。『近世日本の経世家』泉文堂。
丸山真男（1983）『日本政治思想史研究』東京大学出版会。
三田葆光（1907）「白石先生年譜」以下に所収。『新井白石全集』第六巻。
村岡典嗣（1940）「新井白石の一書簡とその解説」以下に所収。『増補　日本思想史研究』岩波書店。

第 6 章　新井白石の「政治算術」

(1) はじめに

　本章では，新井白石が，有効である経済政策とは如何なるものであると考えていたのか，また，その導出にあたっては如何なる方法が用いられるべきであるとしていたのか，について考察する。

　その考察の素材としては，「白石建議」を主に用い，ときに白石の自伝『折たく柴の記』を参照することにする。「建議」は，これまでも述べてきたように，彼が，経済政策の策定を主導していたときの著作である。したがって，本章では，徳川時代の経済政策の策定者による経済政策方法論という，それだけでも興味深い作品を読むことになる。

　以下，(2) の「海舶互市の料」では，「建議　六」のうち，「海舶互市新例」（1715（正徳 5）年）に結実していった，金銀の海外流出の制限政策を論じた，「本朝金銀銅外国へ入りし惣数の事」（1709（宝永 6）年以降の著作。正確には不明。）を主として読む。そのことによって，白石が，経済政策を導出するに当たって取った手法を知るのである。「惣数の事」は，『全集』版で 4 頁に満たない掌篇である。しかし，それは，彼が，経済政策を導出するに当たって取った一つの手法を，もっとも端的に示しているように思われる。主に貨幣政策が論じられている「建議」の「四」～「八」では，統計を用いた議論が盛んにおこなわれている。その内でも，「惣数の事」は，彼の統計利用の方法を鮮やかに示しているのである。

　つづく，(3) の「活法と死法」では，(2) での読みを受けて，金・銀貨の改貨政策（正徳の改鋳は1714（正徳 4）年）を問題とした，「建議　四」（1713（正徳 3）年）の一部を読む。そこでは，白石が，どのような経済政策が有効であ

ると考えていたのかについて探ることにする。そのことは，(2)で見た金銀の海外流出の制限政策の方法論の根柢にある認識について知ることにもなるであろう。

最後の(4)の「おわりに」では，以上(2)，(3)での読みによって知り得た事柄について簡単に整理する。

(2) 海舶互市の料

白石が，貨幣材料である金銀銅の海外流出の問題に関わり始めたのは，徳川6代将軍家宣の治世が開始された，1709（宝永6）年のことであった。彼は，『折たく柴の記』において，こう回想する。

「御代つがれし初の年より，長崎港にて，海舶互市の料とすべき銅の数たらずして，交易の事行はれ難く，地下の人産業をうしなふ由，奉行所より告申す事ありて，某を召問はるゝ事あり。「たやすく論ずべき事とも覚えず。いかにもその事の本末，おもひはかりて後に申すべし」と答申す。」（新井白石（1999）p. 281.）

そうした，白石が，「その事の本末，おもひはかり」した事柄を記したものが，「本朝金銀銅外国へ入りし惣数の事」一篇である。ここでは，その内容を，都合9項目に分けて詳しく読んでみよう。

i 白石は，まず，主に慶長期以来の歴史的事実を振り返り，その時期の金銀銅の海外への流出量に知り得ないものがあること，また，近年の数値でも知り得ないものがあることを述べる。

1-1 「一 慶長五年より前，上古よりの事はしばらく論ぜず。室町殿の代より信長秀吉両代に至るまで，西国中国の地より外国へ入りし金銀の数いかほどといふ事をしるべからず。（これ一つ。）」

——慶長5年は，1600年。

1-2 「一 慶長六年の夏，交趾の舶来れり。……これ当家に及で海舶の来れる始也。これより正保四年迄四十六年が間，我国の金銀外国へ入りし事いか

ほどといふ事はしれず。(これ二つ。)」

──慶長6年は，1601年。正保4年は，1647年。したがって，この間46年。

1-3 「一　慶長六年の夏，外国の舶我国へ来り始めて寛永元年迄二十四年の間は，九州の内いづれの浦々へも心まゝに舶をよせて商売したり。……長崎より外にての商売を禁ぜられし事は寛永二年に始れり。されば二十四年が間，諸国の浦々にて外舶商売せし時とりゆきし所の金銀の数はしるべからず。(これ三つ。)」

──慶長6年は，1601年。寛永元年は，1624年。したがって，この間23年。寛永2年は，1625年。

1-4 「一　慶長六年より寛永十一年迄三十三年の間は，御朱印船とて我国の商人ども……アマカワ，ノビスパン，シャム，安南，呂宋等の国々へ年ごとにゆきて商売し，此外にも私にゆきてあきなふ事年々に絶ず。其時に我国の金銀をもちゆきし事其数いくらといふ事をしらず。(これ四つ。)」

──慶長6年は，1601年。寛永11年は，1634年。したがって，この間，33年。

1-5 「一　寛永の初迄は，今来れる国々の外に，交趾，パンチャア，安南，呂宋，ノビスパン，イギレス，カレウタ，イタリヤ，アマカワなどいふ国々より，年ごとに来りあきなひしたり。其後耶蘇の法をいたく禁ぜられしより，これらの国々来る事をゆるされず。これらの国々へ持ゆきし金銀の数またしるべからず。(これ五つ。)」

──寛永は，1624〜1644年。

1-6 「一　寛永の初，耶蘇の法をいたく禁ぜられしより前かた三四十年が間，我国にて其法を信受せしものども，年ごとに其国々の師の許へ贈遺し礼物の金銀……いくらといふ事をしらず。(これ六つ。)」

1-7 「一　近年に至りて長崎にて商売の外，私の商売に（ぬけ荷といふ事也）外国へ入りし金銀の数しるべからず。(これ七つ。)」

1-8 「一　慶長の初より今年に至て，対馬国より朝鮮へ入りし金銀の数いくらといふことを詳にすべからず。(これ八つ。)」

──慶長は，1596〜1615年。

1-9 「一　いにしへより今に至て，薩摩国より琉球へ入りし金銀の数いくらといふことを詳にすべからず。(これ九つ)」

ⅱ　次いで，白石は，正保期以降について知り得る金銀銅の流出量について述べる。

2-1 「此九条の外に，長崎一所より外国へ入りし金銀銅の大数まづしれし所左のごとし。」

2-2 「一　金，二百三十九万七千六百五十両余。(正保五年より宝永五年迄, 凡六十一年の間外国に入りし大数なり。)」

——正保5年は，1648年。宝永5年は，1708年。したがって，この間60年。

2-3 「一　銀，三十七万四千二百二十九貫目余。(正保五年より宝永五年迄, 凡六十一年の間外国に入りし大数也。)」

——正保5年は，1648年。宝永5年は，1708年。したがって，この間60年。

2-4 「一　銅，一億一万一千四百四十九万八千七百斤余。(寛文三年より宝永五年迄，凡三十六年が間外国に入りし分也。但し銅は慶長六年より寛文二年迄，六十一年が間の事分明ならずといふなり。)」
(ママ)

——寛文3年は，1663年。宝永5年は，1708年。したがって「寛文三年より宝永五年迄」は，45年になるはずである。慶長6年は，1601年。寛文2年は，1662年。したがって，この間61年。

ⅲ　白石は，次いで，「ⅱ」の数値を用いて，統計が存在しない時代を含めての，金銀銅の流出量を推計する。

3-1 「謹按，長崎一所より外国に入り候所，六十一年が間の大数も右のごとし。ましてや前にしるせし所の，はかりしるべからざる九箇条の大数おもひやるべし。今しばらく法をたてて，長崎一所にて六十一年が間，外国へ入りし大数を以て，かのはかりしるべからぬ九箇条の大数を推しはかるに。」

3-2 「一　金。七百十九万二千八百両余。(慶長六年より正保四年迄四十六年が間に外国へ入りし大づもり。并に正保五年より此かたの惣数也。)」

——1648（正保5）年から1708（宝永5）年までの数値は，2,397,650両である。それを2倍すると，4,795,300両。その数値を1601（慶長6）年から

1647（正保4）年まで46年の数値の推計値として，前者と後者を足し合わせると，1601（慶長6）年から1708（宝永5）年までの推計値，7,192,950両になる。

3-3 「一　銀。百十二万二千六百八十七貫目余。（慶長六年より正保四年迄四十六年が間に外国へ入りし大づもり。并に正保五年より此かたの惣数也。）」
——1648（正保5）年から1708（宝永5）年までの数値は，374,229貫目である。それを2倍すると，748,458両。その数値を1601（慶長6）年から1647（正保4）年まで46年の数値の推計値として，前者と後者を足し合わせると，1601（慶長6）年から1708（宝永5）年までの推計値，1,122,687貫目になる。

3-4 「（右金銀の事は正保五年より宝永五年迄長崎一所にて外国へ入りし大数を二倍にして，両口を都合せしつもり也。）」

3-5 「一　銅。二億二万二千八百九十九万(ママ)七千五百斤余。（慶長六年より寛文三年迄六十一年が間，外国へ入りし大づもり。并に寛文三年より此かたの惣数也。これは寛文三年より此かたの数を一倍せしつもり也。）」
——1663（寛文3）年から1708（宝永5）年までの数値は，114,498,700斤。それが，1601（慶長6）年から1662（寛文2）年までの数値に等しいと推定し，2倍すると，1601（慶長6）年から1708（宝永5）年までの推計値，228,997,400斤になる[1]。

なお，以上の推計において，白石は，金銀について，統計が存在する時期の流出量の2倍を，主には徳川初期における流出量であると見積もっている。その2つの時期の長さも考慮すると，彼が，「鎖国以前」において，金銀の流出が激しかったと考えていたことが分かる。「鎖国」は，切支丹対策としてのみならず，金銀の流出制限政策としても機能したという認識である。

　ⅳ　白石は，以上の推計をもとにして，金銀の流出の全体像をまとめる。

4　「右は慶長六年より宝永五年迄百七年の間，我国の金銀銅外国に入りし所の大数也。この大数を以て推す時は，外国に入りし金は，只今我国にある所の金の数三分一が一に当れり。（我国只今の新金は，古金二千万両を以て造り出せし所也といふ。六百十九万両を三つ合すれば，大数二千万両に近し。）銀は只今我国にある所の数よりは二倍ほど多く外国に入りし也。（我国の□銀の数，

四十万貫目ならではなしといふ。しかるに外国へ入りし数百二十万貫目ちかくなれば，我国の銀は事の外に減ぜし事なり。）但し此大数はよほど引入れたるつもりなるべし。凡ソ外国に入りしところの金銀銅の総数，これよりは猶おびただしき事にや。」

―― 3-2 で推計された，約719万両（上記原文は619万両）を約2,000万両で割ると，約0.36（約3分の1）倍になる。また，約120万貫を約40万貫で割ると，約3倍になる。

したがって，「銀は只今我国にある所の数よりは二倍ほど多く外国に入りし也」とした「二倍」は，「三倍」である(2)。

白石は，『折たく柴の記』において次のように述べる。

「当家代をしろしめされて，海舶互市の事始しより此かた，凡ソ百余年の間，我国之宝貨，外国に流れ入りし所，すでに大半を失ひぬ。金は四分が一，銀は四分が三をうしなへり。」（新井白石（1999）p. 281.）

ここでは，計算は，過去の金・銀量を基準としてなされている。金の4分の1が失われたということは，4分の3の金が残されているということである。したがって，現存する金量を基準とすると，「我国にある所の金の数三分一が一」が失われたことになる。同様に，銀の4分の3が失われたということは，4分の1の銀が残されているということである。したがって，失われた銀は，残された銀の3倍であることになるのである。

v 以上の推計を踏まえて，白石は，中国の歴史的経験について述べる。

5 「異朝ノ宝貨，古今の事を按ずるに，漢の代ほど黄金多かりし代はあらずと申伝へたり。其後代々を経て次第に金銀すくなくなりしほどに，宋の代の中比より交鈔といひて我国の紙銭の如くなる物を用ひて国用を通ずる事になりて，元朝に至てはもつぱら此交鈔ばかりを通じ用ひ，明朝に及ンで銅銭を以て交鈔に雑へ用ひて今に至れり。これ漢代より後に金銀銅共に世に出る事多からぬが故也。」

―― 白石は，交鈔の採用を金銀の減少によるものと捉えるのである。

なお，明代には，初期においては，白石が述べるように，紙幣や銅銭が主に

流通していた。しかし，その後，日本銀やメキシコ銀の流入によって，銀の流通が盛んになった。16世紀の中頃に税を銀納する「一条鞭法」が採用されたのは，そうした背景をもってであった。

 vi 白石は，つづいて，中国においてそうした金銀の減少をもたらした資源論的根拠と歴史的経緯について述べる。

 6-1 「かの国代々の人の論ぜし所は，凡そ金銀の天地の間に生ずる事これを人にたとふれば，骨のごとし。その余の宝貨は皆々血肉皮毛のごとくなり。血肉皮毛は傷れきずつけども又々生ずるもの也。（米穀布帛をはじめてもろもろの器物等皆しか也。）骨のごときは一たび折れ損じてぬけ出でぬれば二たび生ずるといふ事なし。金銀は天地の骨也。（五行のうち木火土水は血肉皮毛也。金は骨なり。）これを採りし後には二たび生ずるの理なし。こゝを以て上古より漢代に至るまでこれを採得し後，中国の金銀ふたゝび生ずる理なしといへり。」

 ——「米穀布帛」を始めとした，他の財が，「血肉皮毛」のように，「傷れきずつけども又々生ずるもの」であるのに対して，「骨のごときは一たび折れ損じてぬけ出でぬれば二たび生ずるといふ事なし。金銀は天地の骨也。」と言える。すなわち，金銀の資源としての非更新性・枯渇性が強調される。白石は，おおまかに言えば，当時の経済を，金銀といった金属からなる，非更新的・枯渇的な財と，「米穀布帛」のような，更新的・非枯渇的な，植物由来の財からなる経済であると捉えるのである。そうすると，日常消費する通常の意味での財は，更新的・非枯渇的であるが，そうした財の流通を規律する貨幣財である金銀は，非更新的・枯渇的な財であることになる。

 ここでの白石による経済の資源論的把握は，中国の文献の先例があるとはいえ，見事なものである。

 6-2 「漢代にさばかり多かりし金銀の後代に及でうせはて候事は，五胡，五代，遼，金，元の代々の乱に夷狄の地へとりゆき，又海外諸国の商売のためにうせたり。」

 ——「米穀布帛」を始めとした財が更新性・非枯渇性をもった財であるのに対して，金銀は非更新的・枯渇的な財である。もっとも，一般の財が消費すれ

ば消失してしまうのに対して，金銀は，貨幣材料として用いても，宝飾品として用いても，多少の磨滅を無視すれば，消費によって消失してしまうことはない。一旦生産された金銀が，減少・消失するのは，貢納や貿易によって，それらが自国の市場から失われ，外国に流出してしまうからである，と白石は捉える。

vii　つづいて，白石は，日本の金銀銅の産出史を一瞥する。

7-1　「これらの論によりて我国の事を考るに，此国ひらけ始りしよりのち千余年が間は金銀銅出る事もなく，……そのゝちこれらの宝貨我国に出しかど其数は殊にすくなかりし事又，千年に及べり。」

——白石は，「白石建議　六」の「本朝金銀銅出し事」では，日本で銀が初めて産出されたのは，天武天皇治下の652（白鳳3）年，銅が初めて産出されたのは，元明天皇治下の708（和銅元）年，金が初めて産出されたのは，聖武天皇治下の749（天平21）年のことである，と認識していた。ここで「千余年」という計算は，「人皇」による統治の始まりを起点としている。

7-2　「我神祖の起り給ふに至りて，天地も其功をたすけさせ給ひしと見えて，我国の金銀銅の出しこと，……万国の中にかゝるためしをきかず。」

——「本朝金銀銅出し事」では，次のように述べられている。

「謹按，佐渡，石見，伊豆，奥州の南部より金銀を出せし事，古にきかず。当家代をしろしめされ候初めより出候事，本朝の古よりつゐにきかざる所也。これより此かた百年の今に至て，我国の金銀万国のすぐれ多くして財用の豊かなること，……外国にも類なき事共也。」

「我国天地の運，慶長五年より新たに開け初りし」。

7-3　「しかりとはいへども，我国土の骨一たび出てぬればふたゝび生ずべからざる理也。此のち千万年を経とも，神祖の御時のごとくに金銀銅の多く出ることあるべからず。（漢の代より後の事を以てをしはかるべきもの也。）」

——白石は，徳川の初期に，家康の鉱山開発政策によって，金銀の産出が盛期を迎えたことに注目する。「神祖」は，家康のことである。しかし，彼は，金銀の非更新的・枯渇的な資源的特性からして，そうした豊富な産出は一時的

なものであると見做すのである。

viii　白石は，徳川初期に豊富であった金銀は，減少をつづけるとする。

8　「しかるに，それよりのち百余年が間，外国に流れ入りし所の数，かの五胡，五代，遼，金，元の代々にとぼしき中国の金銀を，夷狄の地へとりゆきし数にくらぶれば，猶万々多かるべし。かくて此後も今迄の事のごとくに毎年に十四五万両をうしなひなば，十年にして百四五十万両をうしなひ，百年にして千四五百万両をうしなふべし。……さらば聖子神孫十世二十世の御後には，我国にて用ひ給ふべき金銀銅とぼしき事，かの異朝の事のごとくなるべし。」

――この点，『折たく柴の記』では，次のように，より端的な予測が述べられている。

「これより後，百年を出ず，我国の財用ことごとく竭なむことは，智者を待ずして，其事明かなり。」（新井白石（1999）p. 282.）

ix　以上の考察から，金銀の海外流出の制限をおこなうべきこと，すなわち金銀の流出量の上限を設けるべきこと，そうした政策は，輸入品価格の高騰という代償を払ってでも実施されるべきこと，が主張される。

9-1　「すべて異国の物の中，薬物は人の命すくふべき物なれば，一日もなくてはかなふべからず。これより外無用の衣服玩器の類の物に，我国開け始りしより此かた，神祖の御代に始て多く出たりし国の宝をうしなはむ事，返す返すも惜むべきの事也。」

9-2　『折たく柴の記』では，白石は，端的に次のように述べる。

「我国の宝貨，当時世に通じ行ふほどをも，また毎年諸国より産し出すほどをも，其数をはかりくらべて，唐山并西南外洋の国々，朝鮮，琉球等に渡さるべき歳額を酌り定めらるべき事也。」（新井白石（1999）pp. 282-283.）

「たとひ我国中にてうりかふ所の物の価は，増し倍さむにも，我国万世の貨を傾竭して外国に渡されむよりは，其憂は猶少しきにこそあれ。」（同上，p. 283.）

――こうした白石の外国貿易に対する理解によって設けられたのが，「海舶互市新例」（1715（正徳5）年）であった。そこでは，年あたりで，唐船貿易は，

船30艘，御定高銀6,000貫目，蘭船貿易は，船2艘，御定高金50,000両（銀3,000貫目）とされた。ちなみに，「新例」以前の輸出は，唐・蘭合計銀12,000貫目であった。また，密貿易を防ぐために，正規の貿易に従う唐船には「信牌」（入港許可書）が交付された。

なお，ここで，白石が，輸入品である薬種や絹布の国産化を図ろうとする，家宣の計画に賛意を表していたことを追記しておこう[3]。彼の構想は，単に，外国貿易の制限に限定されるものではなかったのである。

9-3 「我国万代の後の代迄の事を思しめされ，神祖の御心をもて御心となされんには，……をのずから神祖の御後は天地と共に長く久しくおはしまして，その世々も民ゆたかに国おさまりぬべき事，掌を見るがごとくなるべし。」

——白石は，極めて長期的な視野からすれば，そうした金銀の海外への流出制限政策が肯定されることを述べるのである。

なお，白石は，同じく極めて長期の時間に関して，「今より百年千年の後，次第に時代も下りて人の心も俗もうすくなりゆかむには，世はいかなるべき事にや。」と述べる。時代の進展につれて，人間相互間の関係が希薄になっていく傾向があることを指摘するのである。ここには，元禄期以降のインフレーションの時代を経験した彼の，濃厚な人格的関係である，封建的な人間関係の弛緩への危惧が垣間見える，と言える。

さて，以上で読んだ「本朝金銀銅外国へ入りし惣数の事」の論理構造を，簡潔にまとめてみよう。言うまでもなく，ここでは，白石の議論の構造を問題とするのであって，彼の挙げる現状の数値や過去についての推計量そのものの是非を問題とするのではない。

そうすると，それは以下のようになる。

ⅰ 1において，歴史的な統計が存在しない時代の，金銀銅の海外流出に関する歴史的事実を挙げる。

ⅱ 2において，歴史的な統計が存在する時代の，金銀銅の海外流出の数値を挙げる。

ⅲ　3において，2の時代の数値を基礎として，1の時代における金銀銅の海外流出量を推計し，1・2の時代を合せた海外流出量の総計を挙げる。

ⅳ　3と現存する金銀の量の推測から，4において，現存する金銀のどれほどの割合が，歴史を通じて海外に流出したかについての推計を挙げる。

ⅴ　5において，中国における金銀銅の減少の歴史的経験を述べる。

ⅵ　6において，金銀銅の海外流出の問題の重要性についての資源論的根拠を述べるとともに，中国の歴史的経験から金銀の海外流出の主因を述べる。

ⅶ　6で見た中国の歴史的経験を念頭において，7において，日本の金銀銅の産出について振り返る。

ⅷ　6・7および，近年の金の海外流出量から，8において，金の海外流出量の将来予測を挙げる。

ⅸ　以上，1～8の考察から，9において，金銀の流出を制限する政策をとるべきことと，そのあるべき基本線を述べる。また，その政策が，輸入品の価格の高騰という代償を払ってでも実施されるべきことを述べる。

以上の要約的整理からすれば，白石の議論が，次のような特質をもっていたことが分かるのである。

①　金銀の海外流出の問題に関して，根柢的（資源論的）な根拠を明示している。

②　統計とそれにもとづいた推計によって，問題に関して，数量的側面を明示している。

③　問題に関して，外国（中国）の歴史的経験を参照している。

④　問題に関する新政策を採用した場合の負の「副作用」を考慮した上で，その新政策が提唱されている。

そうした白石の議論の特質を理解した上で振り返れば，「ⅰ」～「ⅸ」に示された論理構造が，間然する所のないものであることが分かるであろう。それは，入手可能な統計を駆使するとともに，歴史的な傾向性への目配りを忘れない，周到なものだったのである。

(3) 活法と死法

1 以上のような白石による金銀の海外流出の制限政策についての議論は，より根本的には，どのような認識に支えられていたのであろうか。その場合，彼の認識を端的に示すのが，「大数・小数」および「活法・死法」という，2組の対概念である。

白石は，その2組の対概念について，「白石建議 四」において次のように述べるのである。

「凡天下の物には其数なき物もなく，天下の事には其法なき事はあらず候。然れども，其小数をのみ測識候て其大数ある事を知らず候へば，必らずその数の差出来り，其死法をのみ執守候て，其活法ある事を知らず候へば，必らず其法の幣出来る事よのつねの事にて候。」

白石は，こうも述べる。

「(小数，大数，死法，活法と申すことをよくよく聞召わかたるべき御事に候。近世以来金銀の法をあやまり候は，此義の明らかならざる故にて候。)」

「近世以来」とは，近年来の意味。したがって，白石は，元禄～正徳期の金・銀貨の改鋳政策を，小数・大数，死法・活法という概念を理解しなかったがゆえに生まれた誤った政策であるとするのである。

それでは，まず，小数・大数という対概念は何を含意しているのであろうか。

「(算術にてしられ候べきは小数にて候。算術にてはかりしられぬは，すなはち大数にて候。)」

「(小数とは見数にて算盤の上にあらはれ候てかぞへしるべき数に候て，大数とはいまだ算盤の上には見え来らず候へども，天地の間にその大算数のある事にて候。此故に，小数におゐては算術に精しきものはかぞへつくすべく候へども，大数に至ては理に明らかなる人にあらずしては，わきまへ知る事も難く，又其説を承候人もよく信じ用ゆる事も難かるべき事に候。)」

これらの説明だけではやや分かりにくいので，次の説明を読んでみよう。

「(暦数の学の事近世に及び其学精しくなり候は、毫釐もたがへ候はぬほどになり候へども、必らず久しからずして其たがひ出来る事にて候。其故は算術には限りある事にて、天地の大数におゐては、算術を以てはかりしられぬ所候故の由申伝候。)」

　ここで白石が述べていることは、次のようなことである。「暦数の学」(天文学)の発展によって、極めて精緻な暦が作られるようになった。しかし、その「暦数の学」は、「天地の大数」(天文の法則)を十全に極めているとは言えない。したがって、現在の暦もいずれは狂いを見せてくるであろう(4)。

　このような彼の説明からすると、「大数」とは、事物の原理性・法則性そのもの——あるいは、そうした原理性・法則性を体現する数——のことであることになる。一方、「小数」とは、そのままには事物の原理性・法則性を体現していない、単なる一時的な現象を示す数のことであることになる。

　そうした現象的な数である小数は、表層的に観察可能であり、「算盤の上にあらはれ候てかぞへしるべき数」なのである。一方、原理的・法則的な数である「大数」は、「いまだ算盤の上には見え来ら」ない。それは、単に現象の認識によって摑みうる存在ではなく、「理に明らかなる人にあらずしてはわきまへ知る事も難」いのである。

　ここで、「数(すう)」という言葉は、「数(かず)」という意味とともに、本文にも出てくる「理」を類義語とする、「道理」という意味をもっていることに注目しておこう。すなわち、簡単化して言えば、「大数」とは「理」、あるいは「理の発現を示す数」のことなのである。なお、「理」は「気」とともに宋学の最重要概念であるが、ここでの「理」は、宋学的解釈を必要とはしない。それは、客観的世界に働く法則性を意味し、「理に明らかなる人」とは、その「理」の認識能力を持った人を意味する、と考えてよいであろう(5)。

　——こう考えてくると、前節の「ⅳ」での引用における「大数」という概念は、単に、「概数」という意味でのみ用いられているのではないことになる。それは、白石自身が「法をたてて」、すなわち推計の原則をたてて算出したと言っているように、金銀銅の資源的特質を根柢においた、また、中国の歴史的

経験によって裏づけられもした「数」であり，事物の法則性・傾向性に接近するものとして，推計された数なのである。すなわち，その「数」は，単なる「小数」を越えて「大数」に接近しようとしているのである。そうした「理」の発現としての「大数」に接近することが，白石の最初の課題であったのである。

2 それでは，次に，活法・死法という対概念は何を含意しているのであろうか。

「(死法と申す事は，死したるものゝごとくに，そのはたらきなき法にて候。活法と申す事は，いきたるものゝごとくに，その機に応じ候てはたらきある法を申候。)」

この点については，白石が，貨幣政策に関連して分かりやすい例解をおこなっている。

「(貨の数多くして其価軽くなり，物の価重くなり候へば，其貨を減じ，貨の数すくなくして其価重くなり，物の価軽くなり候へば，其貨の数を増し候ごとくなるは，すなはち活法と申すものに候。)」

白石は，「建議」の各所から読み取れるように，需要供給論的な価格論をもっていた。彼が，外国貿易の制限によって輸入品の供給が減少すれば，それらの国内価格が高騰するとしていたのも，そうした価格論による。その価格の一般論を貨幣という特殊な財に適用すれば，次のように言えることになる。

「凡そ物の価重く候事は，貨の価軽きにより候て，貨の価軽くなり候事は，其数多きが故に候へば，法を以て其貨を収めて其数を減じ，又物の価軽く候ことは，貨の価重きにより候て，貨の価重くなり候事は其数少きが故に候へば，法を以て其貨を出して其数を増し，貨と物とに軽重なきごとくに其価を平かにし候時は，天下の財用ゆたかに通じ行はれ候由相見え候。」

この白石の説明は，第5章でしたように，簡単な交換方程式，

$$M = PT \qquad (6-1)$$

ここで，M：貨幣数量。P：物価水準。T：財の総取引量。

を参照すれば，容易に理解出来る。

　総取引量Tを所与で一定であるとして，貨幣数量Mが大きければ，物価水準Pは高い。すなわち，貨幣価値は低い。一方，貨幣数量Mが小さければ，物価水準Pは低い。すなわち，貨幣価値は高いのである。したがって，こうした因果関係のもとで，「天下の財用ゆたかに通じ行はれ」るようにするための「活法」とは，「(貨の数多くして其価軽くなり，物の価重くなり候へば，其貨を減じ，貨の数すくなくして其価重くなり，物の価軽くなり候へば，其貨の数を増し候)」ことなのである。ここで，市場で流通する財の量は操作可能ではないが，金・銀貨の量は操作可能であることに，注意しておこう。

　——このように，「活法」とは，「相定りたる事」，すなわち事物の法則性（「大数」・「理」）に則っており，そうであるが故に「はたらきある」法，すなわち有効な経済政策のことである。一方，「死法」とは，事物の法則性（「大数」・「理」）に則っておらず，そうであるが故に「はたらきなき」法，すなわち有効ではない経済政策のことである。その場合，白石が，経済政策を策定するに当たって，事物の論理的法則性を重視するとともに，前項で見たように，その論理的法則性を具現した歴史的経験を参照することを重視していたことに，注目しておこう。白石が，中国の歴史的経験をもって，日本の事態を「をしはかるべきもの」であるとしていたのは，その端的な表現である。

　3　「海舶互市の料とすべき銅の数たらずして，交易の事行はれ難く，地下の人産業をうしなふ」という現状が，白石の金銀銅流出問題への取り組みの契機であった。そうであるなら，一見すれば「海舶互市の料とすべき銅の数」を増して，外国貿易額を増し，「地下の人」に「産業」を与えることが「仁政」であることになる。しかし，白石は，そうした政策を「活法」とは考えなかった。

　そうした政策は，金銀銅の非更新性・枯渇性という資源的特質を根柢としてもいず，また，中国の歴史的経験によっても裏付けられない政策なのである。彼が追究したことは，むしろ，問題についての「大数」に接近した上で，「我国の宝貨，当時世に通じ行ふほどをも，また毎年諸国より産し出すほどをも，

其数をはかりくらべて」、海舶互市の料を決定していくことだったのである[6]。

(4) おわりに

　人間の経済も、その基礎にある自然も、法則性(「理」)を帯びた存在である。人間は、その法則性そのものを変化させることは出来ない。しかし、人間が、その法則性を認識することは、しばしば限定的にではあっても、可能である。白石によれば、そうした法則性である「大数」に正しく則った政策が、「活法」、すなわち有効な経済政策であり、則らない政策が、「死法」、すなわち有効でない経済政策であった。

　白石は、問題の根柢的(資源論的)根拠を把握し、統計とそれにもとづいた推計によって、問題の数量的側面を示し、かつ、問題に関し、歴史的経験を参照して、経済政策を導出したのである。その場合、白石が、統計の存在しない時代の数値について、存在する統計を用いて推計可能であると考えたのも、彼が、事態に「理」の働きを認めていたからに他ならない。

　白石が直面した徳川時代の経済は、非更新的・枯渇的な資源である金属を原材料とする貨幣が、更新的・非枯渇的な存在である植物を原材料とする財の流通を規律する経済であった。そうした経済を前提とすれば、彼による金銀の海外流出の制限政策は、「天下の財用ゆたかに通じ行はれ」るようにするための経済政策として正鵠を射たものであった、と言える。白石は、市場を中心とした経済を想定していたわけではないが、その経済に存在する市場については、市場として円滑に運営されるべきであると考えていたのである。

　その場合、そうした目的をもった経済政策を説いた、「本朝金銀銅外国へ入りし惣数の事」の論理構造は、18世紀初頭の思考として異例のものであった、と言えるのではあるまいか。それは、社会構成の分析ではないにせよ、統計の利用による経済政策の主張という意味で、日本における「政治算術」political arithmeticの範例であった[7]。

注

（1） 「一倍」が「二倍」のことであることは，第3章の注（75）を参照。
（2） 「二倍」が「三倍」であることは，本章の原型を『三田学会雑誌』に発表したときの同誌チェッカーの指摘による。
（3） 新井白石（1999）p. 284. を参照。そこで問題となったのは，主に薬種と絹布である。家宣は，京都奉行に命じて，絹布を試作させた。
（4） ここでの白石の天文学観は，厳しすぎると言えるであろう。白石も，天文学を算盤上の技術と見做す通弊を免れなかったことになる。
　　　渋川春海によって日本独自のものとして作られ，1685（貞享2）年に採用された貞享暦は，その後70年に渡って用いられた。白石が言及しているのは，その貞享暦のことである。
（5） 白石の「法則観」については，第1章の注（138）を参照。
（6） こうした金銀の海外流出の問題は，やはり白石が主導した正徳の改鋳とも関連していた。
（7） 貨幣・物価に関して言えば，イギリスでは，17世紀前半にライス・ヴァアン（Rice Vaughan）が，物価の歴史的推移の統計（A Discourse of Coin and Coinage …1635?）を作成したとされる（高橋（1993）pp. 350-352. による。）。

主要参考文献

新井白石（1999）『折たく柴の記』（松村明校注）岩波文庫。
太田勝也（2000）『長崎貿易』同成社。
W. ペティ，大内兵衛・松川七郎訳（1955）『政治算術』（W. Petty, *Political Arithmetic*, 1690.）岩波文庫。
森岡美子（1986）「正徳長崎新例」以下に所収。『国史大辞典』第七巻，吉川弘文館。
高橋誠一郎（1993）『重商主義経済学説研究』創文社。
Wrigley, E. A. (1988) *Continuity, Chance and Change: The Character of the Industrial Revolution in England*, Cambridge University Press.

第7章　新井白石の「改貨プラン」

(1) はじめに

　新井白石が改貨の問題に取り組んだとき，銀貨としては，品位の異なる元禄銀，宝永銀，中銀，三宝字銀，四宝字銀の5種類が流通しており，金貨としては，品位・重量の異なる元禄金，宝永金の2種類が流通していた。そうした状況から，銀貨・金貨をそれぞれ1種類ずつの貨幣に統一し，かつ，金銀の品位・重量を高めること，ひいては，度重なる悪鋳・増鋳の過程で進行したインフレーションを終息させることが，白石の貨幣政策の目標であった。
　ところで，旧貨よりも金ないし銀の品位・重量が高い新貨を製造する場合，旧貨を「もと」（「改造候料)」）として，それに金ないし銀（「増加候料」）を添加する，または，旧貨から金ないし銀以外の成分の一部を抜き取ってしまう，といった方法がある。いずれにせよ，それらの方法のためには，集中された旧貨，あるいは，新産出の金銀による，金銀の大量の利用が可能とされなければならない。
　白石は，その金銀の確保の主要な方法として，幕府が，金鈔および銀鈔（いずれも一種の紙幣）を発行して，金貨および銀貨を集中し，それによる改貨の技術的な過程が進んでいったときに，金鈔および銀鈔の兌換をおこなっていく，という方式を構想している。
　――「白石建議　八」は，以上のような改貨の構想（「プラン」）に，白石が，現実にあり得る一つの場合であると考えた数値を組み込んで示したものである。
　「建議　四」「建議　五」とともに「改貨議」（1713（正徳3）年）をなす「建議　八」（「改貨議」の「別記」）は，『全集』版で5頁弱の掌篇である。しかも，その主要部分は「数字の表」である。18世紀の初頭において，貨幣政策の「プ

ラン」を一連の「数字の表」をもって簡潔に表現するということは，洋の東西を問わず「普通」のことではなかったのではあるまいか。

本章では，ほとんどかえりみられない，そうした「建議　八」について，ときに「建議　四」から「建議　七」までを参照しながら，簡単に紹介する。

以下，(2) の「改貨のプロセス」では，読みやすいとは言えない「建議　八」の内容を要約するとともに，現代語化して読みやすいものとする。その際，漢数字を算用数字化する。

(3) の「改貨プランの意味」では，「建議　八」によって知り得る，白石の改貨論の性格の一端について，3点にわたって述べる。

(4) の「おわりに」では，ごく簡単に，本章の内容を要約する。

(2) 改貨のプロセス

白石が目指したのは，慶長の金銀に等しい品位・重量（計数貨幣である金貨：金品位85.7％，重量4.76匁。秤量貨幣である銀貨：銀品位80.0％）の新貨の製造である。

彼は，それを以下のように構想する。

なお，そこで，銀貨の問題が金貨の問題に先立って述べられるのは，彼が，新銀貨の製造は，新金貨のそれより政策的な重要性も[1]，実行の困難性も高いと考えていたことによる。事実，前者についての叙述は，後者についての叙述よりやや長い。もっとも，「建議　八」では，金貨について銀貨についてとさして大きくは異ならない分量の叙述が当てられてはいる。これは，「建議　四」「建議　五」の叙述が，圧倒的に銀貨問題に傾いているのと対照的である。政策的には，金・銀貨問題の中心は銀貨問題にあるが，改貨のプロセスそのものは，金・銀貨で大きくは変わらない，という判断であろう。

銀貨の場合

白石は，まず，銀貨の問題を取り上げる。ここで，彼は，安全を見て，上中

下のうち，旧銀のなかでは品位の高い元禄銀（銀品位：64.0％）の回収がうまくいかない，「下の法」（「建議　五」）の場合の数字を挙げる。（単位は貫。小数点以下を捨象。）

A．改造候料
   a．　80,000
   b．　20,000
   c．　 1,957
   d．　30,000
　計　131,957

　新貨製造の「もと」になる銀貨である。ここで，aは元禄銀。bは宝永銀。cは中銀。dは三宝字銀。三宝字銀の一部は，Bに回される。以上の品位は，いずれも新貨より低い。

　それらは，その後の改鋳にもかかわらず，民間に存在しているものである。元禄銀，宝永銀，中銀，三宝字銀の一部が，Aに回されるのは，旧貨のうち比較的に品位の高い銀貨は「改造候料」とする，という方針による。

B．増加候料
   a．　11,639
   b．　50,000
   c．　41,029
   d．　78,461
　計　181,129

　新貨製造のための純銀の「添加」分である。ここでの純銀は，aは元禄金から，cは三宝字銀の残りから，dは四宝字銀から，抽出される。bは20年間の新産銀。なお，元禄金の金品位は，56.4％であり，残りは銀であるから，その金の品位を高めたときに，銀の余剰が出るのである。

　三宝字銀の一部と四宝字銀がBに回されるのは，旧貨のうち比較的に品位

の低い銀貨は「増加候料」とする，という方針による。

なお，dからは，長崎貿易用の銀が差し引かれている。

C．新銀の製造量

a． 144,000　（64,000）
b．　50,000　（30,000）
c．　 5,871　 （3,914）
d． 102,000　（72,000）
e．　14,019　（11,215）
計　315,890　（181,129）

aは元禄銀（A－a）に括弧内の純銀を足し加える。bは宝永銀（A－b）に括弧内の純銀を足し加える。cは中銀（A－c）に括弧内の純銀を足し加える。dは三宝字銀（A－d）に括弧内の純銀を足し加える。eは以上の残りの純銀から。

Cの括弧内の総計は，Bの総計と一致する。Cの総計が（A＋B）の総計313,086を上回るのは，前者には，eに加えられる銅の重量，2,804が算入されているためである。

D．残額

　315,890
－　9,476
　306,414

Cに示された総計から，「銀座雑用銀」を差し引いた残額。

E．銀鈔の量

a．　80,000
b．　20,000
c．　 1,957

d． 158,217
　　e． 292,307
　計　 552,481

　それぞれ，aは元禄銀，bは宝永銀，cは中銀，dは三宝字銀，eは四宝字銀，との交換において，幕府が発行した銀鈔。当初，銀貨はすべて銀鈔と交換され，その新貨との兌換の開始までは，銀貨の流通はおこなわれない。その交換では，各種銀貨の品位の違いは考慮されていない。

　なお，eからは，長崎貿易用の銀の他，銅銭の増鋳によって回収される銀鈔，100,000が差し引かれている。

F．銀鈔の兌換
　　　552,481
　×　　 0.55
　　　303,864

　Eの総計に対して55％の兌換率を用いた，幕府による銀鈔の兌換。この兌換の終了で銀貨の改貨は基本的に終結する。白石は，55％という率が状況によって変更され得るものであることを強調する。この点は後述する。

G．最終的な残額
　　　306,414
　−　303,864
　　　　2,550

　Dに示された残額から，Fに示された兌換総額を差し引いた残額。銀座の費用に当てる。したがって，幕府にとっては，銀の収支は均衡している。

金貨の場合

白石は,次いで,金貨の問題を取り上げる。(単位は両。焼金は貫。小数点以下を捨象。) 彼は,後述する旧貨と金鈔との交換の開始を,銀鈔の新貨への兌換の開始と同時点とすることを想定している。それによって,金銀の金属貨幣が流通界から一掃されてしまう,という事態は避けられることになるのである。

A. 改造候料
 a.   5,120,000
 b. 11,543,960
 計 16,663,960

新貨製造の「もと」になる金貨である。ここで,aは元禄金。bは宝永金。それらの品位ないし品位・重量は,いずれも新貨より低い。

なお,bからは,長崎貿易用の金の他,銅銭の増鋳によって回収される金貨,100,000が差し引かれている。

B. 増加候料(新産出の焼金)
   1,039

新貨製造のための新産出の純金(焼金)の,10年間の「添加」分である。ここでは,金は,両に換算されず,貫で尺度されている。

C. 新金の製造量
 a. 3,409,600
 b. 6,281,265
 計 9,690,865

aは元禄金から銀を抜き取って造る。したがって,その値は,銀を抜き取った分,A-aより小になる。3,409,600/5,120,000の値,約0.67は,0.564/0.857

の値，約0.66にほぼ等しい。なお，元禄金から抜き取った銀のことは，銀貨のBに出てくる。bは宝永金から，一部は宝永金に焼金を加えて，造る。宝永金の金品位は，慶長金したがって新金にほぼ等しいから，1両当たりの重量の，2.5匁から4.76匁への増大が，主な問題となる。

D．残額

```
   9,690,865
－    234,131
   9,456,734
```

Cの総額から，「金座細工料」を支払った残額。

E．金鈔の量

a． 5,120,000
b．11,543,960
計 16,663,960

それぞれ，aは元禄金，bは宝永金，との交換において，幕府が発行した金鈔。それはAに等しい。当初，金貨はすべて金鈔と交換され，その新貨との兌換の開始までは，金貨の流通はおこなわれない。その交換では，2種の金貨の品位・重量の違いは考慮されていない。

F．金鈔の兌換

```
   16,663,960
×       0.55
    9,165,178
```

Eの総計に対して55％の兌換率を用いた，幕府による金鈔の兌換。この兌換の終了で金貨の改貨は基本的に終結する。白石は，55％という率が，状況によって変更され得るものであることを強調する。この点は後述する。

G．最終的な残額

　　9,456,733
－　9,165,178
　　─────────
　　　291,555

Dに示された残額から，Fに示された兌換総額を差し引いた残額。これは銀座等の費用に当てる。したがって，幕府にとっては，金の収支は均衡している。

(3) 改貨プランの意味

1．叙述の構造

　白石は，幕府が「出目」（改鋳益）を得るための金・銀貨の改鋳に強く批判的であった。したがって，以上の白石「プラン」においては，幕府は，改貨によって「黒字」も得ず，「赤字」も蒙らないのである。――こうした白石の改貨構想が，「数術」の応用を不可欠のものとして形成されていることは，言うまでもないであろう。

　白石は，「建議　五」の末尾で「某もとより数術をしらず」と言う。しかし，以上の「プラン」の中には，小さな問題を捨象して，前節の小項名をそのまま記号として用いることにすれば，

$$\beta E = C \quad : \beta は，金鈔・銀鈔の兌換率。 \quad (7-1)$$

という，幕府にとっての金銀の収支の均衡を確保するための，明解な定式化が埋め込まれているのである[2]。そして，叙述は，そうした（7-1）式に，より具体的な要素を付け加える形でなされるのである。

　また，白石が，A……Gという叙述の序列をとっていることも，興味深い。改貨のプロセスは，幕府にとっては，

　　　金鈔・銀鈔……金・銀貨……金鈔・銀鈔

という転態として現われ，民間人にとっては，

　　　金・銀貨……金鈔・銀鈔……金・銀貨

という転態として現われる。

　いずれにせよ、金鈔・銀鈔と金・銀貨との交換が出発点なのである。白石は、その叙述において、そうした金鈔・銀鈔の発行から始めるといった単純に時系列的な叙述方法を取らず、上記の範式での2つの（……）を、E、Fにまとめてしまうという、より明解な叙述方法を工夫しているのである。

2．試行錯誤法

　さて、先に見た、

　　$\beta E = C$ 　　　　　　　　　　　　　　　　　　　　　　　　　　　　　（7 - 1）

という、金銀の均衡式において、新貨の値Cも、また、銀鈔・金鈔の値Eも、その値は、改貨のプロセスが進んでいかないと正確には分からないはずである。改貨は、俗な言い方をすれば、「やってみなければ、分からない」のである。それでは、彼は、そうした事態に、どのように対処しようとしたのであろうか。

　まず、その確定不能性について、いま少し細かく見ておこう。

　先のA（銀貨の場合にはBも）において、金鈔・銀鈔と交換され、回収される金・銀貨の値がどれだけになるかは事前には確定不能である。そもそも旧貨についての統計が完全とは言えないし、より重要なこととして、民間人が金鈔・銀鈔をどれだけ信認するかも分からない。また、Bのうちの新産金銀の量の確定不能性は、改貨のプロセスを通じてつきまとう。したがって、それらから製造し得る新貨の値Cがどれだけになるかも、事前には確定不能なのである。すなわち、それは幕府が政策的に決定し得る値ではない。そして、その新貨の値は、後述するように、新たな物価の水準を規定することになるのである。

　また、金鈔・銀鈔の値Eも、幕府は民間の金・銀貨と金鈔・銀鈔との交換請求に無制限に応じるのであるから、上述の、交換・回収される金・銀貨の値A（銀貨の場合にはBも）の確定不能性に対応して、事前には確定不能である。この無制限な交換には、新貨の材料として、できるだけ多くの金銀を確保するというねらいがある。

もちろん，おおまかには，Eが大になれば，Cも大になるとは予測出来る。しかし，問題が，一見以上に複雑であることを知るには，同一のEの値に，それと交換された金・銀貨の品位・重量の平均値の差異に応じて，異なったCの値が対応し得る，という点を挙げれば十分であろう[3]。白石が，前節でふれたように，流通している銀貨のうちでは品位が相対的に高い，元禄銀の回収を重視し，その度合いによって事態を3分し，前節で見た数値を，上中下のうち「下」の場合であるとしていることは，そうした回収される金・銀貨の内訳の問題の重要性を端的に示している[4]。

事情が以上のようなものであるとすると，幕府にとって，金銀の収支の均衡を実現するために取り得る道は，まず，上述のような複雑さを考慮しながら，金・銀貨の金鈔・銀鈔との交換請求量，ひいては，金鈔・銀鈔の兌換請求量Eを予測し，また，幕府が製造しうる新金・銀貨の値Cを予測することである。そして，その予測にもとづいて，政策的に決定し得る兌換率βを，ひとまず，(7-1)式が成立するように，「よろしきやうに斟酌」して改貨のプロセスを開始することである。その場合，金鈔・銀鈔の値Eが旧貨の品位・重量で尺度されているのに対して，新貨の値Cは，当然，新貨の品位・重量で尺度されている。したがって，当時の新産の金銀量の水準からすれば[5]，幕府にとって金銀の収支を均衡させるためには，βの価は1未満になる。

そして，改貨のプロセスの中で，その見定めが誤っていることが明らかになったときには，「よろしきやうに斟酌」し直し，政策的に決定し得る兌換率βの値を変更して対応すべきなのである。

白石は，「(すべて金銀の事，その様子により候て，法はいかほどにもよろしきやうに，沙汰あるべき事。)」(「建議　五」)として，こう述べる。

「或は六分四分の法を用ひ，上銀六貫目を以て銀鈔十貫目に引きかへらるべく候はん歟。或は五分五，四分五の法を用ひ，上銀五貫五百目を以て銀鈔十貫目に引替らるべく候はん歟。これらの所は，銀鈔の数と上銀造出され候所の数とを見合せ候て，よろしきやうに斟酌あるべき御事に候。」

白石は，銀鈔の兌換は4段階，金鈔の兌換は3段階に分けておこなうことを

想定していた。彼が，20年はかかると想定していた銀の改貨，10年はかかると想定していた金の改貨の過程で[6]，そうした兌換率 β の変更の機会は多いのである。

銀について例示しておくと，1貫目——これは重量でなく額面——の銀鈔は，55％の兌換率の場合，次のように兌換される。

第1度
　銀鈔1貫目について，
　上銀400目と銀鈔300目を渡し，
　銀鈔300目は引きとる。
第2度
　銀鈔300目について，
　上銀100目と銀鈔100目を渡し，
　銀鈔100目は引きとる。
第3度
　銀鈔100目について，
　上銀30目と銀鈔30目を渡し，
　銀鈔40目は引きとる。
第4度
　銀鈔30目について，
　上銀20目を渡し，
　銀鈔10目は引きとる。

こうして，総計で1貫目の銀鈔は，550匁の銀貨と兌換されるのである。このようなプロセスで，上銀，渡す銀鈔，引きとる銀鈔の率を変化させれば，全体での兌換率を調整出来ることになるのである[7]。

この他に幕府が決定出来る値としては，それが大であれば，先のCをより大きく減少させることになる，外国貿易による金銀の海外流出量がある。しか

し,「建議　八」では，この問題にはごく簡単にふれられるだけであるので，本章では，その数値については問題としない[8]。

さて,白石は,以上のような方法について,「建議　四」で用いた「小数」——現象的な数——と「大数」——本質顕現的な数——という概念装置の観点から,「建議　五」において,次のように述べる。

「(小数にかゝはり候べき事にあらず候へども，まず大略の所を論じ候はねば手がゝりもなく候故に，其小数共をもしるし候て，それに応じ候法をも大略をしるし候事共に候。)」

「如レ此事数と法とに拘り候ては，終には其差謬出来候事にて候。然れども，其法を議し候には，其数を立て候はでもかなひ難き事に候を以て，只今の間に見え来り候所の数どもを挙候て，其法を議し候事に候」。

改貨政策の策定に当たって，本質顕現的な「大数」は得がたいのであるから，現象的な「小数」にもとづいて政策案を立てる必要がある，と言うのである。「只今の間に見え来り候所の数ども」とは，現象的な「小数」のことである。そして，白石は，その「プラン」の実施過程において,「もし此法意をだによく心得られ候て，其事の変により候て，よく其法をも変ぜられ候て，其機に応ぜられ候はゞ，つゐに大きに差謬る事も有まじき御事に候。」(「建議　五」)とも述べる。すなわち，その「法」(政策)の意図にしたがって，「事」(事実)の変化の状況に応じて，「法」(政策)の具体的内容そのものを変化させていけば，大きな誤りは起きない，とするのである。

最初に立案した政策の内容を絶対化せず，事実に応じて望ましい結果，すなわち幕府にとって金銀の収支が均衡した改貨の実現に接近していく，という白石の改貨「プラン」は,「試行錯誤方式」の典型なのである。

3. 改貨のターゲット

白石の改貨政策の最終的な目標が，インフレーションの終息であることは冒頭でふれた。しかし,「インフレーションの終息」といっても，その意味は多義的である[9]。彼にとってのその意味は,「プラン」の中に見出せる。

以下の2つの抜粋を読んでみよう。

「右造出し候上銀三十一万五千八百九十貫八百匁を，元禄年中，本郷におゐて引替候古銀二十三万六千八百八貫五百目の数に引くらべ候へば，七万九千八十二貫三百目多く相見え候。」（銀貨のC中の叙述。）

ここで，計算は，

$$\begin{array}{r} 315,890.8 \\ -\ 236,808.5 \\ \hline 79,082.3 \end{array}$$

「右造出し候上金九百六十九万八百六十五両，元禄年中，本郷にて引替候古金七百六十九万八千五百両の数に引くらべ候へば，百九十九万二千三百六十五両多く相見え候。」（金貨のC中の叙述。）

ここで，計算は，

$$\begin{array}{r} 9,690,865 \\ -\ 7,698,500 \\ \hline 1,992,365 \end{array}$$

この2つの引用で，白石は，新貨の製造量C（幕府は改貨によって受益しないのであるから発行量）が，元禄の改貨（1695（元禄8）年）における慶長金銀の回収量を上回ることを強調する。「プラン」における新金銀の量は，慶長金銀の蓄蔵を考慮しなければならないにせよ，その流通量を上回るのである[10]。引用文中，「本郷」とは，元禄の改貨のときに，新貨・旧貨の交換がおこなわれた場所である。

なお，白石は「建議　四」では，本郷での交換以降の回収量を合わせて，慶長銀の回収量として287,617貫余，慶長金の回収量として8,824,356両を挙げる。それでも，いずれも「プラン」に示された新貨の発行量の方が，慶長の金銀の回収量より，銀は28,273貫，金は866,509両多い。

その点で，白石は，銀貨について，「某愚存の所は，いかにもして元禄以前，世に通行し候ほどの銀の数を造出され候を以て，上銀改造られ候大数とし候はん事，天下公私のため尤以て可⌊然御事に候」（「建議　五」）と述べる。ここ

で「元禄以前」とあるのは，引用前後の文脈からすれば元禄の改貨以前を意味している。元禄の金銀に先立つ慶長の金銀が流通していたとき，という意味である。

ところで，白石の貨幣・物価論は，第5章で見たように，貨幣の流通速度を度外視して，貨幣数量が物価水準を決定する，すなわち，

$$M = PT \tag{7-2}$$

ここで，M：貨幣数量。P：物価水準。T：財の総取引量

というものであった。とするならば，以上の叙述から，白石の物価政策の「ターゲット」を読みとることができるであろう。

それは，簡単化のために，財の総取引量Tを同一として，元禄期の，しかし，まだ元禄の改貨によるインフレーションが激化する以前の物価水準であった。勘定奉行となる荻原重秀の主導による，元禄～正徳期の一連の悪鋳・増鋳の出発点は，元禄の改貨であった。白石の目標は，元禄銀の回収がうまくいかない「下の法」の場合でも，ほぼその出発点の物価の水準に回帰することであり，それ以上のデフレーションを意図したのではなかった[11]。

白石は，改貨「プラン」のプロセスの終結までに20年はかかるとしている。元禄の改貨から正徳の改貨までも約20年（1695年から1714年）である。彼は，長期にわたって形成された異常なインフレーションの状況を，正常なものに復帰させるには，同じくらいの期間を要する，と考えたのであると思われる。20年という時間は，長期的な視野が要請される為政者にとっては，許容範囲内の時間であろう。しかし，短期的な視野で行動せざるを得ない民間人にとっては，長すぎる時間ではあろう。

――白石の貨幣の品位と重量に関する政策そのものは，7代将軍家継のもとで，1714（正徳4）年に，さらに家継の没年である1716（享保元）年に実行された。そして，それは基本的には8代将軍吉宗によって引き継がれていく[12]。1725（享保10）年のかなり大規模な金貨の発行も，慶長金とほぼ同じ品位と重

量でおこなわれている。それが大きく変化するのは、享保期を越えて、1736（元文元）年に、金・銀貨の改鋳がおこなわれることによってである。このときには、物価の低落が顕著になっていた。

もっとも、白石自身は、「建議　四」で、貨幣数量を増減させることによって、インフレーションを防ぐと同時に、デフレーションを防ぐ必要があること、すなわち、「貨と物とに軽重なきごとくにその価を平か」にする必要があることを強調している。彼の貨幣政策の根本は物価調整政策なのである。享保の後半が深まっていくなかでの物価の低落について、どこまで彼の「責任」を問えるかは疑問である。

もちろん、白石の貨幣の品位と重量に関する政策は実現されたものの、以上の金鈔・銀鈔の発行と兌換をおこなうことを主眼とした改貨「プラン」までは実現されなかった。その具体的な手続きがあまりに煩瑣であるためであろう。より根本的には、幕府が、金属貨幣ではない、金鈔・銀鈔を発行するという彼の構想が、受け入れられ難いものであったためでもあろう。

(4) おわりに

白石の改貨「プラン」そのものは実現されなかった。実現されたのは、より「温和」な通常の改貨の方式であった。白石は、正徳の改貨開始後に書かれた「建議　七」（「改貨後議」1714（正徳4）年）では、金鈔・銀鈔の問題には一言もふれていない。改貨によって貨幣の品位と重量の問題が解決すれば、あえてその手法の問題にはこだわらない、ということだったのであろうか。

しかし、「建議　五」の多くと「建議　八」の全体の基調をしめる「プラン」についての叙述が、白石にとって戯れのものであったとは思われない。それは、第5章で見た室鳩巣の証言からも推測できるように、6代将軍家宣の遺志——彼は、各所で改貨が家宣の決定であることを強調する——を継いで、理想的な改貨「プラン」を提示する、という意図をもって書かれたものであろう[13]。白石が仕える家宣（綱豊）が、甲府公から将軍職を継いだことが、彼を幕政の

中枢においたということのみならず，家宣─白石の主従関係は，濃密に人格的なものであった。一方，家宣を継いだ家継は幼児であり，幕政の主導権は白石らが握った。

そして，そうした白石の「プラン」は，理想案の提示という性格から，彼の思考の論理性を十分に示すものになっている。すなわち，それは，「プラン」内部において整合的であるのみでなく，「プラン」そのものが，彼の「貨幣数量説」的な貨幣観から演繹されているのである。「建議　八」の叙述は，18世紀初頭の日本における，論理的思考の範例を示しているのではあるまいか。

単に思考の論理性が問題なのではない。それは，改貨の功罪をともに，可能な限り，貨幣の発行主体である幕府──当時の中央銀行──のコントロール下におこうという，意欲的な構想でもあった。白石は，「建議」の各所で，銀貨5種類，金貨2種類という，流通する貨幣種類の多さの弊害を指摘する。彼は，改貨によって，貨幣種類の数を増せば，当面，貨幣市場がより混乱してしまうことを予見していたのである。

注
（1）　銀貨の悪鋳・増鋳の大幅な進行による「金高銀安」の問題である。金1両＝銀60匁が公定レートであるなかで，銀安は，一時，金1両＝銀90匁台に達した。その弊害は銀遣いの上方において顕著であった。
（2）　D・Gを捨象しても，事態の本質は変わらない。A・Bについては，本文中で補助的に述べる。なお，（7-1）式は，金貨・銀貨それぞれに当てはまるが，あえて，煩雑に添え字によってその両者を区別することはしない。
（3）　貨幣種類ごとに交換する鈔の額を変えることも出来る。しかし，その方策では，それぞれの金・銀貨の評価を決定することそのものが，大きな政治的問題になってしまう。また，それは，幕府にとって，
　　　　金鈔・銀鈔……金・銀貨
という作業を，限りなく複雑なものにもするであろう。そのことは，2種類である金貨の場合はまだしも，焦点の5種類である銀貨の場合を考えてみれば明らかである。
（4）　白石は，「元禄の金銀をはじめ，新金新銀共の数も多出来り，焼金，灰吹銀等の数も増し候て出来り候」（「建議　八」）場合もあるとする。

（5）　白石は，家康政権下を中心に，徳川初期に金銀の産出が盛んであり，その後の産出は幕政の初期には及ばないと捉えていた。「建議　六」を参照。
（6）　白石が，20年間の新産銀，10年間の新産金を問題としているのは，この銀金それぞれの改貨に要する年数の予測による。
（7）　ここで「渡す」銀鈔と「引きとる」銀鈔とが区別されているのは，兌換のたびに新しいデザインの銀鈔を製作・発行することが想定されているからである。
（8）　白石の金銀の流出問題についての把握は，「建議　六」を参照。また，第6章も参照。一言でいえば，白石が主導した「海舶互市新例」は，外国貿易額の上限の政策的な確定を通じた，金銀の流出制限策であった。
（9）　「インフレーションの終息」とは，通常は，物価を高止まりさせ，それ以上は上昇させないことを意味すると考えてよいであろう。しかし，ハイパー・インフレーションの場合には，新貨を発行して，旧貨下の物価水準を低下させるということもあり得る。
（10）　元禄以降の悪鋳のなかで蓄蔵されてきた慶長の金・銀貨の一部も，それと同品位の金・銀貨の発行によって流通界に復帰するであろう。
　　　　正徳金の発行による慶長金の復帰は，『三貨図彙』（草間直方（1932）pp. 294-295.）においても注目されている。
（11）　荻生徂徠は，『政談』(1726（享保11）年）において，享保中期の物価状況を「米安諸色高」と捉えた（荻生徂徠（2011）巻二。）。物価全体が急落しているという印象を得てはいない。彼は，「米安諸色高」が武士に不利，町人に有利なことを危惧するのである。
（12）　吉宗の登場によって白石は失脚する。権力者の系譜が変わった——家宣・家継父子と吉宗の血縁は，家康まで遡らないとたどれない——とき，前（前々）権力者の側近が権力中枢から排除されたのである。しかし，その失脚は，ただちに白石の貨幣政策全般の命運を意味するのではない。
（13）　「建議　四」の「序文」（三）も参照。

主要参考文献
荻生徂徠（2011）『政談』（平石直昭校注）東洋文庫，平凡社。
草間直方（1932）『三貨図彙』（瀧本誠一校閲）白東社。
金融研究局編（1981）『貨幣年表』日本銀行。
三田葆光（1907）「白石先生年譜」以下に所収。『新井白石全集』第六巻。

【著者略歴】

寺出道雄（てらで・みちお）
　　1950年　東京に生まれる。
　　1974年　慶應義塾大学経済学部卒業。
　　現　在　慶應義塾大学経済学部教授。（2016年3月，定年退職予定。）
　　主要著作：『資本蓄積論――歴史の中の経済』慶應義塾大学出版会，1997年。『資本主義分析の経済学』御茶の水書房，2000年。『山田盛太郎――マルクス主義者の知られざる世界』〈評伝日本の経済思想〉日本経済評論社，2008年。『知の前衛たち――近代日本におけるマルクス主義の衝撃』ミネルヴァ書房，2008年。『マルクスを巡る知と行為――ケネーから毛沢東まで』日本経済評論社，2012年。

新井白石の経済学――付注と考察――

2015年10月5日　第1刷発行　　　　定価（本体6400円＋税）

著　者	寺　出　道　雄
発行者	栗　原　哲　也

発行所　株式会社　日本経済評論社
〒101-0051　東京都千代田区神田神保町3-2
電話　03-3230-1661　FAX　03-3265-2993
info8188@nikkeihyo.co.jp
URL：http://www.nikkeihyo.co.jp

装幀＊渡辺美知子　　　　　　印刷＊文昇堂・製本＊誠製本

乱丁・落丁本はお取替えいたします。　　　Printed in Japan
Ⓒ TERADE Michio 2015　　　　　ISBN978-4-8188-2395-2

・本書の複製権・翻訳権・上映権・譲渡権・公衆送信権（送信可能化権を含む）は、㈱日本経済評論社が保有します。

・JCOPY〈㈳出版者著作権管理機構　委託出版物〉
本書の無断複写は著作権法上での例外を除き禁じられています。複写される場合は、そのつど事前に、㈳出版者著作権管理機構（電話03-3513-6969，FAX03-3513-6979、e-mail: info@jcopy.or.jp）の許諾を得てください。

寺出道雄著

マルクスを巡る知と行為
―ケネーから毛沢東まで―

A5判 四六〇〇円

ケネー『経済表』、スミス『国富論』に通底するマルクス『資本論』の思想を巡り考察。日本や中国への影響についても「水野津太資料」により活写する。

寺出道雄著 評伝＊日本の経済思想

山田盛太郎
―マルクス主義者の知られざる世界―

四六判 二五〇〇円

戦前期マルクス主義の代表作の一つであり、日本における社会科学の展開に大きな影響を与えていった『日本資本主義分析』を読み直すことを通じて、新たな山田盛太郎像を提示する。

鈴木信雄責任編集 経済思想 第10巻

日本の経済思想 2

A5判 三三〇〇円

経済理論、経済史、経済政策、そして社会思想・社会哲学という領域で、時代と格闘しつつ、独創的な業績をあげた山田盛太郎、大塚久雄、内田義彦など一〇人の思想家を取り上げる。

住谷一彦・和田強編

歴史への視線
―大塚史学とその時代―

四六判 二八〇〇円

大塚史学の一角をなした松田智雄、その形成を目の当たりにした小林昇・長幸男が語る学問形成の道程。また賀川豊彦・高野岩三郎など大塚と同年代の知識人たちのプロフィールにも言及する。

服部正治・竹本洋編

回想 小林 昇

四六判 二八〇〇円

経済学の誕生と終焉をみすえ、人間的感覚の回復による経済の自律を希求した碩学の、思想と人格とを「文体」に結晶させた生涯を多くの知己が語る。

（価格は税抜）　日本経済評論社